# 财务管理与会计信息化研究

王利萍 魏 佳 梅占忠 ◎ 著

吉林出版集团股份有限公司
全国百佳图书出版单位

图书在版编目（CIP）数据

财务管理与会计信息化研究 / 王利萍，魏佳，梅占忠著. -- 长春：吉林出版集团股份有限公司，2023.3
ISBN 978-7-5731-3138-6

Ⅰ. ①财… Ⅱ. ①王… ②魏… ③梅… Ⅲ. ①企业管理－财务管理－研究②会计信息－财务管理系统－研究 Ⅳ. ①F275②F232

中国国家版本馆CIP数据核字(2023)第063095号

CAIWU GUANLI YU KUAIJI XINXIHUA YANJIU
## 财务管理与会计信息化研究

| | |
|---|---|
| 著　者 | 王利萍　魏　佳　梅占忠 |
| 责任编辑 | 张婷婷 |
| 装帧设计 | 朱秋丽 |
| 出　版 | 吉林出版集团股份有限公司 |
| 发　行 | 吉林出版集团青少年书刊发行有限公司 |
| 地　址 | 吉林省长春市福祉大路5788号（130118） |
| 电　话 | 0431-81629808 |
| 印　刷 | 北京银祥印刷有限公司 |
| 版　次 | 2023年3月第1版 |
| 印　次 | 2023年3月第1次印刷 |
| 开　本 | 787 mm×1092 mm　1/16 |
| 印　张 | 10.75 |
| 字　数 | 230千字 |
| 书　号 | ISBN 978-7-5731-3138-6 |
| 定　价 | 76.00元 |

版权所有·翻印必究

# 前　言

　　财务管理是研究如何通过计划、决策、控制、考核、监督等管理活动对资金运动进行管理，以提高资金效益的一门经营管理学科。在我国经济不断提升、国家大力提倡创新型发展的背景下，财务管理与会计工作也应当紧跟时代步伐，与时俱进地不断推陈出新，更新财务管理的理念、方法和技术，制定一套规范性的国际会计准则，以此来协调企业财务会计实务。

　　企业在财务管理过程中，应全面发展会计信息化，这样既可以保障及时完成相关财务管理的具体目标，又能及时交换和共享信息，全面提高资源整合效率，包括财力、物力、人力等方面的资源都可以实现整合。通过推行信息化的管理手段，能够有效地提高效率，避免人工操作可能出现的一些错误或者失误，降低工作难度，能够避免主观性和随意性，从而有效地提质增效，保障财务工作的质量。

　　本书从企业财务管理的实际情况和问题方面展开分析，首先分析了财务管理、企业财务管理的基本组成以及财务管理的实践；其次阐述了管理会计的主要思考方式，之后对会计学的基本理论以及会计发展的创新做了详细的研究；最后在会计信息化管理方面做了重点探讨，并全面分析和研究推动企业会计信息化和财务管理发展的具体优化措施，为相关企业提供参考。

　　本书在编写过程中广泛参考了多位专家、学者的研究成果，借鉴了有关教材的部分内容，在此致以真诚的谢意。由于作者水平有限，加之时间紧迫，书中定有不足之处，衷心希望各位同人以及广大读者提出宝贵意见，以便进一步完善。

王利萍　魏佳　梅占忠
2022 年 7 月

# 目 录

## 第一章　财务管理总论 ················································· 1
　　第一节　财务管理的含义 ············································ 1
　　第二节　财务管理的目标 ············································ 4
　　第三节　财务管理的原则 ··········································· 11
　　第四节　财务管理的方法 ··········································· 15
　　第五节　财务管理的环境 ··········································· 20

## 第二章　企业财务管理的基本组成 ································· 27
　　第一节　精细化财务管理 ··········································· 27
　　第二节　财务管理中的内控管理 ··································· 30
　　第三节　公私合营模式项目的财务管理 ·························· 34
　　第四节　跨境电商的财务管理 ····································· 37
　　第五节　资本运作中的财务管理 ··································· 39
　　第六节　国有投资公司财务管理 ··································· 41
　　第七节　公共组织财务管理 ········································ 44

## 第三章　财务管理的实践 ············································· 52
　　第一节　模具企业的财务管理 ····································· 52
　　第二节　事业单位财务管理 ········································ 57
　　第三节　跨境电商的财务管理 ····································· 61
　　第四节　高校基建财务管理 ········································ 64
　　第五节　民营企业的财务管理 ····································· 66

## 第四章　管理会计的主要思考方式 ································· 70
　　第一节　预　测 ······················································ 70
　　第二节　决　策 ······················································ 72

第三节　预　算…………………………………………………………75
　　第四节　控　制…………………………………………………………78
　　第五节　评　价…………………………………………………………81

第五章　会计学的基本理论……………………………………………………84
　　第一节　会计学若干理论问题…………………………………………84
　　第二节　环境会计基本理论……………………………………………86
　　第三节　经济学成本与会计学成本比较………………………………92
　　第四节　经济学视域下的会计学………………………………………95
　　第五节　产权理论与会计学……………………………………………97
　　第六节　"互联网+"环境下会计学专业人才培养……………………99

第六章　会计发展的创新研究…………………………………………………103
　　第一节　大数据时代会计的发展………………………………………103
　　第二节　我国环境会计发展研究………………………………………106
　　第三节　新经济条件下的会计发展……………………………………110
　　第四节　中国法务会计的发展…………………………………………117
　　第五节　我国电子商务会计的发展……………………………………119
　　第六节　依法治国与环境会计发展……………………………………122

第七章　会计信息化及其管理…………………………………………………127
　　第一节　会计信息化基础知识…………………………………………127
　　第二节　会计信息化组织及岗位………………………………………142
　　第三节　会计信息化的内部控制………………………………………148
　　第四节　会计信息化的使用管理………………………………………154
　　第五节　"互联网+"时代会计信息化管理……………………………158

参考文献…………………………………………………………………………163

# 第一章 财务管理总论

## 第一节 财务管理的含义

### 一、财务

财务泛指财务活动和财务关系。财务活动是指财务的形式特征,财务关系是指财务的内容本质。

#### (一)财务活动

财务活动是指企业再生产过程中的资金运动,即筹集、运用和分配资金的活动。在社会主义市场经济条件下,企业生产的产品是商品,既然是商品,必然具有使用价值和价值的二重性。与此相适应,企业再生产过程同样具有二重性,它既是使用价值的生产和交换过程,又是价值的形成和实现过程。因此,对企业再生产过程不仅要通过实物数量和劳动时间组织核算和管理,还必须借助价值形式进行核算和管理。由于对价值形式的利用,因此在组织生产和进行分配与交换中,就必然存在筹集、运用和分配资金的活动,它们是企业经济活动的独立组成部分,从而构成企业的财务活动。

**1. 筹集资金**

筹集资金是指企业遵照国家法律和政策的要求,从不同渠道,用各种方式,经济有效地筹措和集中生产经营以及企业发展所需资金的活动。它是企业进行生产经营活动的前提,也是资金运动的起点。在我国社会主义市场经济条件下,资金的筹集方式具有多样性,企业既可以发行股票、债券,又可以吸收直接投资或从金融机构借入资金。无论以何种形式获得的资金,企业都需要为筹资付出代价,因此筹集资金所发生的资金流入和流出,便形成了企业的一项重要的、经常性的财务活动。

**2. 运用资金**

运用资金是指企业将筹集获得的资金转化为内部营运和投放。内部营运表现为购买材料、商品、支付工资和其他费用及销售商品收回资金的资金收支活动;投放表现在很多方面,如证券的买卖、购置的房产等,它的特点是及时性、升值性。公司内部的财务运动包括两部分,即内部与外部。

### 3. 分配资金

分配资金是指企业通过资金的营运和投放，对取得的各种收入在扣除各种成本费用、税金后的收益进行分配的活动。该活动可以以投资人收益或企业留存方式来进行。企业在生产经营过程中所形成的经营成果和收益在分配中所发生的资金收入和退出，同样都属于财务活动。

## （二）财务关系

财务关系是指企业在组织财务活动过程中与有关方面发生的经济关系，主要表现在以下几个方面。

### 1. 企业与国家之间的财务关系

国家领导公司发展，公司反过来促进国家的发展，二者之间的经济关系特点具有双面性。一方面，国家作为社会管理者的身份要以税收的形式无偿地取得一部分纯收入，以维持国家机器正常运转，保证其职能的履行。企业应遵守国家税法的规定，及时、足额向国家税务机关缴纳各种税款。另一方面，国家以国有资产所有者的身份，有权与其他所有者一样参与企业税后利润的分配。

### 2. 企业与所有者之间的财务关系

二者之间的关系是相互的。因为股东的经济投入影响公司的发展，相反，公司的发展与进步会提高股东的收益。那么股东的收益是按照什么标准进行的呢？是按照股东向公司投入的资金比例进行分配的。该分配的特点是公平性，这有利于公司的长远发展。

### 3. 企业与债权人、债务人之间的财务关系

现代企业往来结算频繁，债权、债务关系复杂，有的是企业与金融机构的关系，有的是企业与企业的关系，还有的是企业与个人的关系。企业必须合理调度资金，恪守信用，如期履行付款义务。同时，要求债务人依法按时偿还债务，务必使双方按照合约办事，继而促进社会主义市场经济的健康发展。

### 4. 企业与内部各部门之间的财务关系

在企业内部实行经济核算制的条件下，企业内部各部门之间，在相互提供产品、材料或劳务时，也要进行内部计价结算，以明确各自的经济责任，从而体现企业内部的责权关系。

### 5. 企业与职工之间的财务关系

在现阶段企业应根据工资分配原则支付职工应得的报酬，以体现按劳分配的关系。随着知识经济时代的到来，企业与职工之间的财务关系的内涵必然延伸，作为知识资本的所有者（职工和管理者）和其他资本所有者一样，还应参与税后利润的分配。

## 二、财务管理

### （一）财务管理的含义

财务管理的内涵由两部分组成：一部分是公司在经营过程中内部经济运动与经济关系相互作用而产生的活动；另一部分是因为社会的需要对公司的产业结构进行调整，从而内部产生的对财务进行整合的意识。只有两者结合在一起才能体现出财务管理的真实内涵。

### （二）财务管理的特点

从国家的总体发展战略来看，财务管理符合国家经济发展的要求。同时，它也是各项管理的"领头羊"，它有利于放大公司的经济作用。那么它的特点有哪些呢？

**1. 涉及面广**

从公司总体的结构来看，财务管理政策贯穿了公司的整个结构。那么公司的整体结构都包括哪些？在该结构中人们都会接触经济的收入和支出，具体内容包括：大到公司的财产清算，小到公司书本的购买，这些都是构成公司总体结构的重要因素。因此，我们可以看出对于公司来说，完善财务政策是非常必要的。

**2. 灵敏度高**

财务管理能够及时反映出公司在生产和销售过程中产生的一系列问题，并且在问题产生之后，公司能够"对症下药"，采取更精准的相应对策，减少不必要的财产损失。财务管理的灵敏度在公司的经营中是如何体现的？首先，在生产的过程中：生产能够判断出哪些原材料质量好、哪些原材料质量不好，公司就可以从中减少不必要的支出。其次，在销售的过程中，产品的销售速度会间接地影响公司财务政策的调整。综上所述，财务管理的灵敏度是调节公司日常经营活动的主要手段。

**3. 综合性强**

财务管理以资金、成本、收入和利润等价值指标综合反映企业生产经营的物质条件，生产经营中的耗费和回收，生产经营的成果及其分配等情况，并据此及时掌握企业再生产活动中各种要素的增减变动及存在的问题，从而加强财务监督，促进企业改进生产经营管理。

### （三）财务管理的内容

财务管理的内容是由企业资金运动的内容决定的。它具体包括：

（1）筹资管理；

（2）资金结构管理；

（3）流动资产管理；

（4）固定资产和无形资产管理；

（5）投资管理；

（6）收入管理；

（7）利润管理。

综上所述，财务管理的具体内容还包括财务投资、财务风险等。

### （四）财务管理的作用

从公司总体的发展战略上看，财务管理发挥了"承上启下"的作用。那么何为"承上启下"？它具体是指公司既要承接国家的相关经济政策，又要充分发挥自己独特的经济政策作用。财务管理的作用具体如下。

**1. 资金保证作用**

资金是企业生产经营活动的"血液"，没有资金或资金不足，生产经营活动就无法进行或不能顺利进行，财务管理可以运用其特有的筹资功能，经常有效地筹集足额资金，保证企业生产经营的正常需要和满足企业发展的需要。

**2. 控制协调作用**

现代企业作为一个市场主体，是一个极其复杂的人造系统。要想使其在激烈的市场竞争之中立于不败之地，自如地应对各种挑战，并取得长足发展，必须要控制协调诸要素，使企业的再生产过程有序运行，而控制协调就是财务管理的一项重要职能。只有强化财务管理，通过制定企业内部财务管理制度、编制财务预算、运用资金指标分解等办法，规范财务行为，提高经济效益，从制度和指标上具体规定各级、各部门的权责，才能及时发现并纠正存在的问题，提高工作效率。

**3. 综合反映作用**

财务管理是利用价值形式对企业再生产过程进行的管理，这就必然使企业生产经营的过程和结果、各项专业管理的工作业绩和存在的问题，最终都直接或间接地通过财务管理综合地反映出来。由此可以看出，财务管理既可以发现问题，又可以解决问题。因此，财务管理被称作调节公司发展政策的主要手段之一。综上所述，完整的财务管理体系有利于促进公司长远目标的发展。

## 第二节　财务管理的目标

公司的理财目标主要是指在公司财务收支过程中彼此之间相互作用产生的活动目标，该活动的目的性主要体现在收支的结果上。同时，对于公司来说理财目标的建立会受它本身所经营产业的影响。综上所述，公司理财目标的建立有利于优化公司的财务结构。

## 一、企业目标及对财务管理的要求

公司的成立会受它本身要求的影响。它本身的要求主要有哪些？首先是国家的道德法律，其次是公司经营活动的场所，最后是公司经营的目的。

### （一）生存

生存需要具有良好的场所。同理，公司的生存与发展同样需要具备有利的生存场所与生存条件。但是，该条件的来源是多变的市场，因此就需要公司擦亮"双眼"，寻找到有力的生存条件。

公司存在的目的在于提高公司以及公司内部人员的经济收入。企业生存的基本条件是以收抵支，也就是企业在一定的经营期间所取得的收入要能补偿所耗费的各项生产要素的价值（成本费用），或者说企业在一定的经营期间所产生的现金流入量至少要等于现金流出量。否则，企业就会萎缩，甚至会导致企业经营难以为继。

企业生存的另一个基本条件是到期偿还债务。企业常常会因资金周转困难而举债，甚至出于扩大业务规模以及出于负债经营的考虑盲目扩大负债规模，这些都有可能造成企业因无法偿还到期的债务而难以正常经营下去甚至倒闭。

综上所述，公司的灭亡主要由两种情况组成：一种是经常性不盈利的状态，这种状态会导致公司没有能力继续经营下去；另一种是公司没有能力偿还借款的现象，这种现象会加速公司破产的速度。由此可见，公司如果想要存续下去，那么就必须建立正确的经营政策，从而避免以上两种情况的发生。

### （二）发展

企业必须在发展中求得生存，要发展就必须提升竞争力，而企业的发展集中表现为盈利能力的增强。那么企业该如何在如今的经济背景下提升盈利能力呢？首先，企业要善于利用国家的政策，通过相应的改革加快自身的生产能力。其次，企业的生产经营活动不能脱离社会发展规律，要立足于实际。最后，企业要积极学习优秀企业的发展理念，通过相应的手段进行整理，从而变成自身的发展政策。

### （三）获利

获利是企业生存的根本目的，获利就是超过企业投资额的回报。因此，企业在通过发展不断扩大收入的同时，必须减少资金耗费，合理有效地使用资金，提高资产利用率。

从发展的角度来看，利润的提高与发展的速度是相互作用的关系。也就是说发展提高利润，利润促进发展。因此，企业生存发展的基础是利润的获得情况。

## 二、财务管理目标的几种观点

企业对于未来生产活动的要求被称为企业目标。该目标的建立意味着企业内部结构需要调整与改革。同时，企业目标的具体内容包括财务目标的内容。财务目标的建立有利于企业内部财务收支状况的调整，也有利于企业适应国家的经济政策，从而加快经济发展速度。那么财务目标主要包括哪些方面？

### （一）利润最大化

该观点的独特之处在于企业的利润已成定局，但是我们需要在这一定局内寻找到新的突破口，将该利润的作用尽可能地发挥到极致。同时，该观点已经将利润的收入情况作为衡量一个企业经济状况强弱的标准。赚取利润是企业经营和发展的基本条件，企业只有盈利才能满足各利益相关者的基本利益要求，因此，企业应以利润最大化作为其财务管理的目标。

利润最大化对于发展具有无可替代的促进作用。该作用主要体现在哪些方面？首先，从国家的发展角度来看，它在一定程度上巩固了国家的经济基础，同时也为国家经济政策的后续发展提供有力的支持。其次，从市场的发展角度来看，它提高了市场资源的有效利用度，引起了人们资源改革的浪潮，促进了我国市场经济的发展与进步。最后，从人类发展的角度来看，它有利于更新人们的经济思想，促进人们的经济收入，从而改善人们的生活质量。综上所述，利润最大化对我国的经济发展具有针对性。

企业以利润最大化作为财务管理的目标存在以下几个方面的缺陷：①利润最大化没能区分不同时间的报酬，没有考虑资金的时间价值；②利润最大化没有反映所获利润和投入资本之间的关系，不利于不同规模的企业或同一企业的不同时期之间的比较；③利润最大化没能考虑风险问题；企业为追求利润最大化往往很少考虑风险因素，由此很容易导致企业为了追求高利润而不顾风险的大小，致使企业所获得的利润与所冒的风险不相配，甚至出现得不偿失的情况；④利润最大化使企业丧失了长期发展计划的制订能力，长期发展计划的制订有利于企业更新生产手段，也有利于企业更新生产理念，还有利于提升未来的发展能力。

综上所述，利润最大化的特点是弊大于利。因此，它不利于企业的长期发展。对于国家来说利润最大化已经不能适应国家实际发展情况。所以，国家要求企业不能再将该计划归纳到财务管理目标中。

### （二）股东财富最大化

股东财富最大化受到两方面的影响：一方面是正确的财务目标，另一方面是股东投入资金的多少。从财务目标的角度出发，正确的财务目标决定了企业的经济状况；从股东投入资金的角度出发，股东资金投入的越多越有利于实现该计划。

那么股东财富最大化的意义主要体现在哪里呢？①忧患意识的建立。它帮助企业建立了忧患意识，也帮助企业建立了相应的解决措施。②长远发展目标的建立。它有利于帮助企业树立长远发展的意识。企业只有从整体上考虑其经营策略，兼顾短期和长期的收益，做出最佳的财务决策，才能实现股票价格最大化。③股东财富最大化目标比较容易量化，可直接根据股票数量和股票市场价格计量股东财富的多少，便于公司进行合理的分析和考核。

那么企业股东价值最大化的弊端体现在哪些方面？首先，从公司规模的角度出发，对于规模较大的公司来说，该计划是有利于提高公司经济收入的计划；然而对于规模较小的公司来说，不利于该计划的实施与落实。其次，从公平性的角度出发，该计划不利于提高企业其他人员的经济收入。最后，从市场的角度出发，市场是一个多变的场所，它的很多因素对于企业来说都是未知的、不确定的。因此，该计划的落实给企业带来了市场特有的阻碍因素。

综上所述，对于市场经济较为发达的国家来说，该计划的实施有利于企业财务目标的建立。因为，对于这些国家来说，该计划的弊端可以忽略不计。

### （三）企业价值最大化

现代企业理论认为，企业是多边契约关系的总和，或者说它是由各利益相关者通过契约形成的联合体。企业的股东、债权人、经理阶层、一般职工等都是企业收益的贡献者，对企业的发展起着重要的作用，他们也应该是企业收益的分享者。他们之间存在的关系宛如天平之间的关系，该关系的主旨要求是平衡，不能有所倾斜。这也就要求企业对于各个利益主体之间的利益分配要均衡，以免各个主体之间心理上的不平衡。因为，主体心理上的不平衡不利于国家经济的进步与发展，也不利于人们心理健康的发展。因此，企业要格外注重利益的平衡发展，不能运用股东价值最大化的目标管理企业，因为这并不是最好的选择。对于人们来说，企业是他们生存和发展的大集体，企业发展与进步他们才能发展与进步。又因为企业价值最大化强调的是企业要注重各个主体间的利益，所以这在一定程度上满足了人们的心理需要，从而促进了企业财务目标的发展。

企业价值最大化的影响因素有哪些？首先，是企业树立的忧患意识；其次，是企业内部结构的管理政策；最后，是企业所投入的资本。三者之间的相互作用共同影响着企业价值最大化的发展状况。同时，该观点认为，决定企业社会发展地位的两大因素是企业的存续时间与企业的收益状况，二者发展的快慢决定了企业经济发展速度的快慢。并且该观点还强调企业要注重利益的分配，避免股东财富最大化的弊端出现。因此对于我们来说，何为企业价值最大化？从经济发展的角度来看，该计划代表的是在市场行情下企业全部固定与非固定资产的总和，它从侧面反映了企业的未来发展状况。同时投资者在对企业进行投资时，他主要考虑的是企业未来的盈利状况与现有的发展状态，从而去计算自身投入与收入之间的比率，从而估算自身的获利情况。综上所述，我们可以知道企业价值最大化决定了企业的利润与收入时间。

企业价值最大化的意义主要体现在哪些方面？首先，从发展稳定性的角度出发，该计划的实施有利于稳定各个利益相关主体的心神，在他们思想稳定的基础上可以促进企业整体效益的发展。其次，从忧患意识的角度出发，该计划的制订与实施有利于企业在危险来临之前制定相关的应对措施，从而减少不必要的损失；也有利于企业在同行业之间"脱颖而出"，提高自身的社会地位。再次，从风险与收益的角度来看，二者之间的关系是相互的，风险的增长伴随着收益的增加，反过来，道理也是如此。因此，企业要正确看待它们之间的关系，制定相应的发展政策，以便于企业实现价值最大化的目标。最后，从提高利用率的角度出发，企业要通过科技创新的思想，提高对资源的利用率。综上所述，企业价值最大化有利于平衡各个主体之间的利益关系，从而促进企业经济管理政策的制定与实施。

事物都存在两面性，企业价值最大化也是如此，那么它的问题主要体现在哪里？首先，公司的地位。对于地位较高的公司来说它们的经济发展受多种因素的影响，该影响对于企业的长期发展是不利的。因此，对于高地位企业来说价值最大化不是很好的选择。其次，股份的分配。对于一些企业来说，股份制是他们发展的必然选择。因此，对于这些企业来说该计划不利于它们的发展。最后，对非上市公司的影响。因为对于非上市公司来说它们的资产难以运用该计划进行判断，所以对于非上市公司的财务管理目标来说该计划的影响是不利的。

## 三、企业财务管理的目标与社会责任

从长远的发展目标来看，企业在使用权利的同时也要履行相应的义务。因此，从企业财务管理的目标角度来看，他们的权利是使企业的价值最大化，而义务是要履行相应的责任。企业要具有责任感，同时该责任不只体现在保护环境上，也体现在对社会弱势群体的帮助上，还体现在控制污染、支持公益事业性活动等方面上。综上所述，企业财务管理目标越完善，越说明该企业需要承担更大的责任。反之，责任越小，但是不能不承担责任。

企业的发展是在社会发展的基础上的，社会的发展需要各方都贡献力量。各方的力量主要包括主观和客观两方面，主观上具体是指人们的精神思想发展程度，客观上具体是指环境的优良状态。因此企业财务管理目标的建立就需要企业将主观与客观结合在一起，从而实现企业的价值最大化。企业为了实现财务管理的目标，必须不断改进生产技术手段和经营管理水平，发展和应用高新技术，提高生产力水平，从而带动社会的进步；企业为了实现财务管理的目标，就要努力挖掘潜力，增加收入和利润，实现商品的增值，为国家提供更多的税收，壮大国家的财政实力。

企业财务管理目标与社会责任的不一致性。从长期看，尽管企业要承担的社会责任与其财务目标是一致的，但在具体的或短期的目标上也存在诸多矛盾。有时，企业会因为承担社会责任而使其加大支出或费用，减少当期利润，从而影响股东利益和企业实力。例如，为了防止环境污染，企业要付出较高的治污费用；为了社会的安定，企业必须慎重对待劳务支出，增加失业保险或其他社会保障的费用。但是，企业应该承担多少社会责任没有一个明确的标准和界限，这些都会使企业的财务管理目标与其社会责任发生矛盾。这些矛盾需要通过商业道德的约束、政府部门的行政管理，以及社会舆论的监督予以协调和解决。

可见，从表面或短期来看，企业履行一定的社会责任可能减少了收益或增加了现金的支出，影响了企业当前的利润；但是从本质或长远来看，企业履行相应的责任，有利于它未来的发展。综上所述，企业财务目标的实现必须在履行责任的基础上执行该权利。二者之间是相互统一的，不能拆分开来。

## 四、财务管理目标的协调

现代企业是建立在一系列相互联系的契约之上的经济和法律主体，签订契约的各有关方面，形成了企业的利益相关者，如企业的所有者、债权人、经理、职工、供应商、客户、政府及社会等，这些利益紧密相连的相关者因契约内容的不同而对企业的利益要求也不相同。一方面，他们具有共同的目标，即希望企业经营成功并不断地发展。另一方面，其利益又存在矛盾和冲突。企业财务管理的目标是企业价值最大化，根据这一目标，企业只有通过对各利益相关者之间矛盾的协调，才能最终实现企业价值的最大化。在企业的多个利益相关者中，企业所有者与经营者之间、所有者与债权人之间的矛盾是企业中的主要矛盾，因此，如何协调它们之间的矛盾对实现企业价值的最大化有着重要的影响，这也是财务管理必须解决的问题。

### （一）所有者与经营者之间的矛盾与协调

#### 1. 所有者与经营者之间的矛盾

在如今的企业中企业经营者与所有者之间存在一种新的关系，这种关系的实质是一种资金升值活动。同时企业的所有者是资金投入较多的人，而企业经营者是为企业所有者服务的人。二者之间存在着服务与被服务的关系，这种关系间接地证明了只有经营者利益达到最大化，企业才会实现更高的收入，从而完善财务管理目标。从理论上讲，作为代理人的经营者应该为实现股东财富最大化目标而努力工作，但作为享有企业的经营权和劳动报酬索取权的经营者，其目标则是自身效用最大化，即他可能更关心个人财富的增长、闲暇时间的增多以及对经营风险的回避等个人利益。这种对个人利益的关心在一定程度上限制了他们为谋求股东财富最大化做出的努力，甚至在经营者控制企业主要经营活动的情况下，极易产生为了实现个人效用最大化而背离股东利益的问题。这种背离表现在两个方面：逆向选择和道德风险。如在经营者的管理报酬固定的情况下，经营者可能希望得到更多的在职消费；当公司的长期目标与短期目标不一致时，经营者会为了实现其任职期限内的经营目标而不顾长期目标，而牺牲公司的长期利益可能直接导致股东财富的减少；当公司面临的风险性决策可能对股东有利时，经营者则有可能为了回避风险而放弃；经营者为了增加自己的闲暇时间，不尽最大努力去工作。

#### 2. 所有者与经营者之间矛盾的协调

从一般的角度来说，矛盾的产生源于需要之间的不平等。从公司经营的角度来看，所有者与经营者之间的矛盾主要体现在所有者需要经营者提供更多的价值，而经营者需要所有者投入更多的资金以及得到更多的工作肯定。为了解决这一矛盾，通常是采取让经营者的报酬与绩效相联系的办法，通过企业内部和外部合理的约束及激励机制来促使股东和经营者为了共同的目标而努力。

（1）激励。从本质上来说，激励是促进人们自我发展的一种活动。而面对如今企业的发展，它的内涵有所改变——企业更多地将它作为激励员工的一种方法，该方法的有效利用可以提高员工的工作效率，从而促进企业的发展。那么激励由哪些方面构成呢？①"民主权"形式。民主权的形式在一定程度上调动了经营者的兴趣，从而提高经营者对公司发展的期望。在该形势下，经营者可以合理地从其他同事手中购买相应的公司股票，从而有利于提高公司的财富最大化。②"绩效股"形式。绩效股主要强调的是以经营者的绩效为评价标准，该评价标准的特点是公平性。经营者的绩效越高说明他得到的相应报酬就越多，反之，则越少。该方式有利于改变经营者的经营思想、提高经营者的工作效率。该评价标准有利于提高公司股票的价格，也有利于促使公司稳定地发展，从而提高公司在市场中的地位。将经营者的报酬与公司经营业绩结合起来是目前普遍采取的一种激励方式，这种方式可确保经营者在追求自身利益的同时也增大了股东财富。

（2）解聘。这是一种通过所有者对经营者进行约束的办法。所有者可通过与经营者签订目标合同、审计财务报表以及限制经营者的决策权等，对经营者予以监督，如果经营者得到了必要的报酬补偿仍未能使企业价值达到最大化，所有者即可采取相应的方式解聘经营者，经营者因担心被解聘而必须努力工作以实现企业财务管理目标。

（3）接收或吞并。这是市场调控经济的一种手段。该手段对经营者提出了更高的经营要求。如果经营者不能根据国家的相关政策改变经营策略，那么公司可能面临的结果是被市场淘汰。这种结果对于公司的信誉来说是极为不利的。因此，经营者为了避免公司被接收，必须尽可能地采取措施提升公司的经营业绩，提高股票市价。

### （二）所有者与债权人之间的矛盾与协调

#### 1. 所有者与债权人之间的矛盾

债权人把资金交给企业，其目标是到期收回本金，并获得约定的利息收入；而企业的所有者把获得的资金用于经营，然后从税后利润中分配利润。从借款发展的角度来看，当借款发生时，企业所有者的地位将高于债权人的地位。因为现在的资金使用者是企业所有者，而不是债权人。因此债权人要制定相应的自我保护措施。

首先，隐瞒性。当债权人将资金借给公司所有者时，他们并不知道这笔资金的去向。从他们的角度来说，这给他们造成了一定的心理负担，因为公司所有者可能将这笔资金挥霍，也可能将这笔资金作为抵押款。如果真出现上述情况，那么他们的这笔资金可能收不回来。对于他们来说，这是一笔无法挽回的损失。其次，风险性。当公司所有者拿到这笔资金时他们可能购买债券等金融产品，因为这些金融产品可以提高收益。但是它们也具有很大的风险性，这间接地给债权人造成了投资无法回收的风险。

### 2. 所有者与债权人之间矛盾的协调

为协调所有者与债权人之间的矛盾，一般会在签订债务契约时增加限制性条款以进行约束和协调。那么债权人为了保全自己的利益，该如何采取应对措施呢？首先，法律性。要让公司经营者明白他们之间进行的借款是受法律保护的。如果这笔借款收不回来，那么债权人可以通过法律途径来保护自己的利益。其次，信誉度。债权人要让公司经营者知道，如果这笔借款收不回来，那么他将会被债权人拉入黑名单，从此之后，债权人再也不会将资金借给这家企业。

## 第三节 财务管理的原则

从资金发展的角度来说，财务管理的原则也就是我们对资金合理利用的原则。具体是指我们对于资金有效利用程度的认知。同时，财务管理原则是指我们将财务理论化身为实际活动的桥梁。财务管理实务是指人们在财务管理工作中使用的原则、程序和方法。理财原则是财务管理理论和实务的结合部分。

在如今的社会，对于资金的合理利用，不同的人有不同的看法。但是从经济学家的角度来看，资金的合理利用主要包括以下几个原则。这几个原则是资金利用最大化的媒介。

### 一、自利行为原则

从人们自身的角度出发，自利行为原则具体指的是人们利益的最大化。该原则符合人们的发展规律，也符合人们的经济化心理。

从经济学家的角度来看，自利行为原则的理论基础是实际利人假设。该假设主要强调的是，在人们进行资金活动的时候首先考虑的要素是自己的利益。只有当自身的利益得到满足时，才会考虑其他的事。同时，自利行为原则并不主张人们的生活除了钱没有其他一切活动，而是主张人们在为了满足自身需要的过程中所做出的选择，它注重的是选择的过程。该原则在企业的发展中运用得最多。因为企业在进行资金决策的时候首要考虑的因素就是自身的获利情况，企业获利情况的好与坏直接影响企业未来的发展状况。自利行为原则也并不认为钱以外的东西都是不重要的，而是说在"其他条件都相同时"，所有财务交易集团都会选择对自己经济利益最大化的行为。

### 二、双方交易原则

双方交易原则是指每一项交易都至少存在两方，在一方根据自己的经济利益决策时，另一方也会按照自己的经济利益决策行动，并且对方和你一样聪明、勤奋和富有创造力，因此你在做决策时要正确预见对方的反应。

双方交易原则的产生是建立在双方自愿平等交易的地位上。交易的特点是互动性。因为交易是由双方共同进行的。在双方交易的过程中他们的原则都是以自身的利益为主。同时，双方交易原则的核心内容是卖家与购买者之间存在着等量的付出和收获。例如，在股份制有限公司，人们的持股比例会发生变化。有的人持股比例会增多，有的人持股比例会减少，这是相对的。无论增加还是减少，股份总量都是不变的。在双方交易原则的基础上，产生了一种新式的关系，该关系被称作"零和博弈"，它的特点是以自身的利益为主。为什么被称作"零和博弈"？因为在双方交易的过程中一方的增加往往代表着另一方的减少，而不是说一方减少，另一方也减少。一方增加，另一方减少也就可以被看作总量不变。那么，为什么还会成交呢？因为双方的思想观念不一致，交易的产生是一场"你情我愿"的活动。如果在这场交易中，购买者觉得卖家出卖的产品符合自己的需要，而自身的资金也满足卖家的价格，此时就可以进行交易。但是如果购买者没有给卖家符合他们利益的价格或者该产品没有满足购买者的需要，那么这场交易可能就不会发生。总而言之，交易产生大部分的原因还是在于人们的思想。除非对方不自利或者很愚蠢，不知道自己的利益是什么。然而，这样估计商业对手本身就不明智。

## 三、信号传递原则

信号传递原则是比自利行为原则更准确的原则。该原则是以信息传递为主，其他资料为辅的一种原则。信号传递原则主要体现在哪些方面？首先，在于公司固定资产的配置。从公司购入的固定资产中可以看出公司未来的发展计划。其次，在于公司制定的发展策略。根据公司制定的发展策略，可以判断出公司是否会发生转型的现象。最后，在于公司制定的利益分配制度。该制度的产生可以判定出企业的资金流动状况。综上所述，信号传递原则有利于人们对公司的发展情况进行判断。

从企业的经济利益角度出发，信号传递原则符合人们想要了解企业经济状况的心理。人们只有在掌握公司经济状况的基础上才能更有效地利用自己的资金实现升值。那么人们该如何判断公司的经营状况呢？人们可以通过公司人流量、工资情况、保险等方面来了解公司的经营状况。综上所述，信号传递原则有利于人们更精准地把握企业的经济状况，从而做到有效地投资，最终获得较高的经济收入。

## 四、引导原则

从企业发展的角度来看，引导原则符合这一大潮流。引导原则具体是指当企业无路可走时，需要其他成功者的引领与帮助。因为，成功的企业对于他们来说制定的所有发展政策，全都是以自身的利益为主的，这正是我们企业需要向它们学习的地方。我们要知道如何做才能促进企业的发展，才能实现企业利益的最大化。正所谓"不听老人言，吃亏在眼前"，引导原则在一定程度上和这句谚语存在相同的内涵。综上所述，企业要根据其他成功企业的经验来完善自身的发展策略。同时，这也是引导原则的核心要求。

不要把引导原则混同于盲目模仿。它只在两种情况下适用：一是理解存在局限性，认识能力有限，找不到最优的解决办法；二是寻找最优方案的成本过高。在这种情况下，跟随值得信任的人或者大多数人才是有利的。引导原则不会帮你找到最好的方案，却常常可以使你避免采取最差的行动。它是一个次优化准则，其最好结果是得出近似最优的结论，最差的结果是模仿了别人的错误。这一原则虽然有潜在的问题，但是我们经常会遇到理解力、成本或信息受到限制的情况，当无法找到最优方案时，需要采用引导原则来解决。

## 五、比较优势原则

优势是指你比其他人强的地方，是你有而他人没有的技能。在社会上来说，优势的大小影响获利能力的高低。你必须在某一方面比别人强，并依靠你的强项来赚钱。例如，对于姚明来说篮球就是他的比较优势。如果你让他去打乒乓球，那么他将有可能不会取得成功。因为在那个领域他并不擅长，没有优势。综上所述，比较优势原则是企业成功的基础。因此，对于企业来说他们要建立自己的特长与优势，从而才能提高自身的社会竞争力。

比较优势原则的特点是针对性。它可以根据人们自身的发展特点与发展规律制定人们的工作计划。同时，它也可以根据企业的生产效率与企业的生产性质共同制定企业的产品，从而加快企业的发展速度。

比较优势原则的独特之处在于它既能充分展现人的潜力，又能充分发挥事物的作用。同时，它的核心内容是发现事物的潜能。对于某一件事情，如果有人比你自己做得更好，就支付报酬让他代你去做。同时，你去做比别人做得更好的事情，让别人给你支付报酬。如果每个人都去做能够做得最好的事情，每项工作就找到了最称职的人，就会产生经济效率。每个企业要做自己能做得最好的事情，一个国家的效率就提高了。国际贸易的基础就是每个国家生产它最能有效生产的产品和劳务，这样可以使每个国家都受益。

## 六、净增效益原则

净增效益原则具体是指企业刨除成本与费用剩余的利益原则。该原则要求企业要制定相应的成本与费用节约策略，在保证效益的基础上尽可能地减少支出，从而增加净增效益。

在企业发展的过程中，对于一般的经济策略来说它们都会制定很多备选的策略。何为备选策略？它具体是指在内容上没有正式策略丰富、涉及面广，方法上没有正式策略的方法科学，科技上没有正式策略的科技先进。因此，对于衡量企业经营效益优良结果的策略是正式的策略。它的产生与发展有利于企业经济效益的增长，即有利于增加企业的可用资金，有利于增加企业的现金流，有利于提高企业的社会地位。方案引起的增加额，是指这些现金流量依存于特定方案，如果不采纳该方案就不会发生这些现金流入和流出。

## 七、风险报酬权衡原则

在企业发展的过程中，企业所有者的要求是将企业发展壮大，企业经营者是希望获得更多的收益，而企业投资者是希望可以在没有风险的情况下获得高收入。但是，这个是不可能实现的。因为风险报酬权衡原则强调了风险与收益是相互作用的关系。

该原则也强调了人们的投资心理，人们的投资心理是权衡利弊的一种心理活动。人们的投资心理主要体现在哪里？一是收入上，二是风险上。他们希望自己投入的资金有所回报，能够带来更多的收入，而不是投入的资金"打水漂"。例如，不同的企业在进行同一项债券交易时，他们的收益是相同的，但是他们的风险大小不一致。那么，此时投资者一定会选择风险较小的企业去投资，这就是投资者的收益心理。综上所述，对于企业财务投资活动来说它们会受到人们的思维活动的影响。

对于人们的投资行为来说，人们希望投出去的资金能够带来更高的回报，并且没有一点折损。这对于投资者来说是一种理想的投资状态，但在市场经济的背景下是不能实现的。针对该原则来说，它主要强调的是风险与回报之间的关系是相对的，它们之间并不是一高一低的关系，而是相互的你高我高的关系，正所谓"没有付出就没有回报"。因此，该原则与人们投资的理想状态发生了冲突，也就预示了人们投资的理想状态不会变成现实的结果。

从投资者的角度来看，他们的投资行为分好几种类别。但是，每一种类别都离不开收益和风险。例如，一些具有保底思想的投资者就会选择风险较小的企业去投资，他们看重的不是高回报，而是在保证自身资金能够回来的基础上有一些小回报。

## 八、资本市场有效原则

长期资金市场有效原则主要强调的是通过价钱的变动在原有的金融策略的基础上更新策略。同时，该策略的更新主要依据的是瞬息万变的市场所反映的真实信息。

市场有效性原则要求理财时慎重使用金融工具。企业在对资金的运用过程中主要可以分为两种情况：一种是没有在资本的市场中实现自己的收入，另一种是在资本市场中获得了较高的收益。这两种情况都有可能发生。为什么会造成这两种情况的产生？主要原因在于市场性质的不同。不同的市场性质对企业的发展会产生不同的影响。一个公司，因为它有专利权、专有技术、良好的商誉、较大的市场份额等相对优势，属于可以在某些直接投资中取得正的净现值。所有需要资本的公司都在寻找资本成本低的资金来源，大家都平起平坐，机会均等地竞争，使财务交易基本上是公平交易。在资本市场上，只获得与投资风险相称的报酬，也就是与资本成本相同的报酬，很难增加股东财富。

## 九、货币时间价值原则

货币时间价值主要强调的是人们对资金在一定时期内的变化进行考量。该考量在一定程度上反映了该原则的大小。该原则越大，说明资金的效率越高；反之，则越小。

该原则的核心内容是现在的与未来的对比。正所谓："时间就是金钱。"由此我们可以看出时间的重要性。经济发展需要时间，科技更新需要时间，因此金钱作用的变化也受到时间的影响。对于金钱来说，时间发展得越快，作用的变化越大，如中华人民共和国成立时期的5元钱所能买到的东西与现在同等金额所买到的东西是不一样的。这就反映了该原则的原理。财务估价中，广泛使用现值计量资产的价值。

随着社会的发展，该原则的另一个应用是降低筹资的费用。那么它是如何降低筹资费用的呢？首先，收回收入率低的资金，收回后再进行重新投资换取更高的收益。其次，对于没有额外费用的借款尽量在资金富裕的时候支付，从而减少对资金的使用。综上所述，该原则有利于促进融资的速度。

# 第四节　财务管理的方法

随着社会经济的发展，各个行业的经济得到了飞速的发展。但是，在发展的同时它们的财务信息可能出现一些问题，解决该问题的方法被人们称为财务管理方法。该方法主要分为以下几种。

首先，根据企业可能出现的问题可以分为资金的合理运用、资金的合理分配、资金的升值等方法。

其次，根据财务问题解决的方式的特征可以分为定性和定量两种方法。

最后，根据企业财务的程序可以分为对未来资金的测量、对未来资金的运用、对未来资金的分析等方法。

下面就以财务管理环节为依据，阐述各种财务管理方法以及相互之间的关系。

## 一、财务预测

财务预测是财务人员根据历史资料、依据现实条件、运用特定的方法对企业未来的财务活动和财务成果做出的科学预计和测算。

只有对企业未来的财务状况进行科学预测，在此基础上才能做出科学的财务决策，编制出切实可行的财务计划。因此，财务预测是财务决策的基础，也是进行编制财务计划的前提。

财务预测工作通常包括以下四个具体步骤。

（1）要明确预测目的，只有目的明确才能有针对性地搜集资料，采取相应的方法进行预测。

（2）要收集和整理相关资料，必须根据预测目的搜集相关资料，并进行归类、汇总、调整，以便利用这些资料进行科学预测。

（3）建立适当的预测模型，以进行科学预测。

（4）利用预测模型，进行预测，提出预测值。

从经济史发展的角度来看，财务预测方法主要包括两个方面，一方面是主观的，另一方面是客观的。主观上多是人们运用自身的思维活动对财务的未来发展趋势进行预测。该预测方法的特点是不稳定性、猜测性。因为人们的思维活动是有限的，它并不能真正地掌握财务市场的发展规律。人们的思维活动存在着猜测、不确定的想法。因此主观上的财务预测缺乏一定的科学性。客观上的财务预测方法精准地掌握了财务市场的发展规律，并且这些规律都是运用相关科学理论证明出来的，具有一定的科学性与真实性。综上所述，对于财务预测方法来说，客观上的方法相对于主观上的方法更为可靠，更有利于促进财务市场的发展，更能促进企业的经济收入。

## 二、财务决策

财务决策是一种关于财务策略进行筛选的过程。该过程的特点是真实性、有效性。该过程的意义是有利于完善企业财务策略的具体内容，有利于提高企业的经济总收入。

财务决策通常包括以下几个具体步骤：

（1）确定决策目标；

（2）设计并提出备选方案；

（3）分析比较各种方案，选择最佳方案。

常见的财务决策方法包括以下几种。

（1）优选对比法。该方法遵循的规则是优胜劣汰原则，该方法的核心内容是选择有利于企业发展的财务策略。该方法的具体操作流程是将所有的策略按照内容、思想、科学等方面对比，并且对策略进行层层把关，最终胜出的就是最适合的策略。该方法的主要内容包括以下几种。

①总量对比法。总量对比法是将不同方案的总收入、总成本或总利润进行对比，以确定最佳方案的一种方法。

②差量对比法。差量对比法是将不同方案的预期收入之间的差额与预期成本之间的差额进行比较，求出差量利润，进而做出决策的方法。

③指标对比法。指标对比法是把反映不同方案经济效益的指标进行对比，以确定最优方案的方法。例如，在进行长期投资决策时，可把不同投资方案的净现值、内含报酬率、

现值指数等指标进行对比，从而选择最优方案的方法。

（2）线性规划法。线性规划法遵循的是数学最大值、最小值的原理，同时数学讲究的是内容真实性高、理论性强。由此可以看出该方法的理论基础是极为扎实的。

（3）微分法。微分法遵循的是低费用、高收入的原则。该原则的特点是针对性、有效性。针对性，具体是指它对于企业低费用这个现象来说是极为有针对性的。它致力于将企业的各项费用降到国家的最低标准。有效性，具体是指对于提高企业的收入是极为有效的。它致力于将企业的各项收入提到国家的最高标准。综上所述，该方法是财务决策具体内容中理论最强的方法，它在一定程度上有利于提高企业的经济收入。

（4）决策树法。决策树法是风险决策的主要方法。决策面对的是未来，如果一个方案未来可能出现几种结果，并且各种结果及其概率都可以预知，这种决策便是风险决策。风险决策必须用概率计算各个方案的期望值和标准离差，并把各个概率分枝用树形图表示出来，因此，风险决策又称为决策树法。

（5）损益决策法。损益决策法包括最大最小收益值法和最小最大后悔值法，是不确定性决策的一种主要方法。如果一个方案未来可能出现几种结果，但各种结果发生的概率是不可预知的，这种决策便是不确定性决策。最大最小收益值法又称为小中取大法，是把各个方案的最小收益值都计算出来，然后取其最大值。最小最大后悔值法又称为大中取小法，是把各个方案的最大损失值都计算出来，然后取其最小值。

从企业发展的角度来看，企业的所有者要求企业的经营者和管理者具有较高的决策能力和处理异常问题的能力。只有他们的能力达到最大化，企业的利益才能提高。但是，由于他们个人的经历和学识所限，因此他们不能将决策能力发挥到最大的价值，只能说是中上等的水平。

## 三、财务计划

财务计划具体是指企业根据国家的相关策略对未来经济发展所制定的一种规划。该规划的核心要求是企业要根据自身实际的财务情况应对国家的转型策略，在转型之后要找到适合企业发展的道路。同时，企业内部也要具有长远的财务规划，该规划是企业的核心部分，它既是促进企业发展的规划，又是限制企业发展的规划。

财务计划是财务管理的重要工具。它既是财务管理所希望达到的目标，又是财务控制的依据和作为财务分析考核的标准。

财务计划编制的一般程序如下：

（1）根据财务决策的要求，分析主、客观条件，制订出主要的计划指标；

（2）对需要和可能进行协调，组织综合平衡；

（3）运用各种财务计划编制方法，编制财务计划。

财务计划的编制过程就是企业根据财务决策的要求，通过综合平衡，确定财务计划指标的过程。确定财务计划指标的具体方法包括平衡法、因素分析法、比例计算法、定额法等。平衡法是指利用有关指标之间的平衡关系来确定预算指标的一种方法，例如，可依据"期初结存＋本期增加－本期减少＝期末结存"的平衡公式，计算、确定期末存货所占用的资金。因素分析法是根据某些指标的历史发展趋势，结合计划期的变化因素来确定预算指标的一种方法，如可比产品的成本降低额、降低率、管理费用预算等都可以采用这种方法。比例计算法是根据过去已经形成而又比较稳定的各项指标之间的比例关系，来确定有关预算指标的一种方法，如依据资产负债率和资产增加额可确定负债增加额等。定额法是指在编制财务计划时，以定额作为预算指标的一种方法，又称为预算包干法。

从发展的角度来看，财务预算被分为不同的类别。但是这些类别的核心内容都离不开财务管理结构的要求。固定预算是对费用项目根据计划期一定的业务量水平为基础来确定其预算的金额，固定预算的缺点是每当实际发生的业务量与编制预算时所根据的业务量发生差异时，各费用项目的实际数与预算数就无可比基础。弹性预算是在编制费用预算时，预先估计计划期间业务量可能发生的变动，编制出一套能适应多种业务量的费用预算，以便反映在各行该业务量的情况下所应开支的费用水平。增量预算一般都是以基期的各种费用项目的实际开支数为基础，然后结合计划期间可能使该费用项目发生变动的有关因素，从而确定在计划期应增减的数额。零基预算是不考虑基期的费用开支水平的，而是一切以零为起点，依据各个费用项目的必要性及其开支规模进行预算。定期预算是固定以一年为期的预算，其优点是便于把实际数与预算数进行对比，有利于对预算的执行情况进行分析和评价。其缺点是原来的预算难以适应新的、变化了的情况，容易导致管理人员缺乏长期打算。滚动预算是使预算期永远保持12个月，每过一个月，立即在期末增列一个月的预算，逐期向后滚动。

## 四、财务控制

从国家经济发展的角度来看，财务控制是一项调控活动。该控制的特点是可变性。该控制的可变性具体是指企业面对市场中多变的财务环境要采用不同的财务方法。

从财务控制的类型上看，主要有三种方法。

**1. 排除干扰控制**

排除干扰控制强调的是企业管理者要根据自身的能力与经验在企业内部财务活动开始的前一段就将风险剔除在外的方法。例如，企业建立费用的开支范围、标准和相应的审批权限等制度，以规范和节约各种费用开支。

**2. 补偿干扰控制**

补偿干扰控制是一场企业进行的假设活动。该假设活动的特点是理论性强，该特点为该活动提供了强大的理论支持。同时企业所有者通过这样一场假设活动的结果，可以在一定程度上减少无关费用的支出。例如，为保持企业的偿债能力，应经常注意观察企业有关财务比率的现状，如流动比率、速动比率、现金比率和资产负债率等，研究其发展趋势，适时采取具有前瞻性的调整措施，以便这些财务比率经常保持在一个比较合适的水平上。

#### 3. 平衡偏差控制

平衡偏差控制主要强调的是财务真正的支出与财务预测的支出之间的平衡关系。该平衡关系一旦被打破，企业的实际净利润也会受到影响。因此企业为了维持此平衡关系采取了相应的措施。

在财务控制中，反馈控制是经常使用的控制方法，因为实际财务活动偏离财务预算是企业经常发生的现象。这些现象的产生可能源于财务预测或财务决策的偏差，也可能源于有些影响企业财务活动的因素事前根本无法预计或无法准确预计。因此，平衡偏差是财务控制中经常要做的一项工作。

从企业财务控制的程序上来看，以上三种控制方法都是在企业经营活动前、经营活动时、经营活动后展开的。

## 五、财务分析

从企业的角度来看，财务分析是一项对企业内部的财务数据、财务方法、财务人员进行分析的活动。从国家的角度来看，财务分析是通过指定的科学方法对财务整个程序的分析。那么如果不进行财务分析会怎么样？如果企业不进行财务分析会造成企业内部经济错乱的现象，严重的话企业将可能面临倒闭，由此可见财务分析的重要性。财务分析具体有以下内容。

#### 1. 对比分析法

对比分析法又称为比较分析法。它是将同一指标进行不同方面的对比，以分析和评价企业财务状况和经营成果的一种方法。它具体可以采取三种对比形式：

（1）实际指标与预算指标的对比，以揭示预算的完成情况；

（2）同一指标的横向对比，以反映该企业在同行业中所处的地位；

（3）同一指标的纵向对比，以反映该企业某一方面的发展趋势。

#### 2. 比率分析法

比率分析法是将互相联系的财务指标进行对比，以构成一系列财务比率，用来分析和评价企业财务状况和经营成果的一种方法。

（1）反映相关关系的比率。在财务分析中，将两个性质不同但又互相联系的指标进行对比，计算比率，用以深入反映企业的财务状况、经营成果和管理效率等情况。

（2）反映构成关系的比率。在财务分析中，经常将总体中的有关组成部分的指标与总体指标进行对比，计算比率，用以深入反映企业财务活动中的有关情况。同时，也可以将总体中的各个组成部分，拿出来进行互相对比，用以反映某一总体内部的比例关系。

（3）反映对应关系的比率。在财务分析中，将两个不属于同一类，但它们之间存在相互适应和相对平衡等对应关系的指标进行对比，计算比率，用以反映和评价企业某些财务关系的合理性程度。

（4）反映发展变化的动态比率。它是将同一指标的不同时期的数值进行对比，计算比率，用以反映某些方面的财务活动的动态变化情况和变化程度。

**3. 综合分析法**

综合分析法是一种结合多种财务指标、综合考虑影响企业财务状况和经营成果的各种因素的分析方法。企业一定的财务状况和经营成果是影响企业经营的内外部诸多因素共同作用的结果。单一指标和单一因素的分析，有助于了解和评价企业财务状况和经营成果的某些侧面，而如果想要比较全面地了解和评价企业的财务状况、经营成果，则综合分析法就是一种合适的选择。综合分析法主要包括财务比率综合分析法和杜邦分析法两种。

## 六、财务管理各方法之间的关系

企业在制定财务分析的程序时应当明确财务预测是进行一切财务活动的基础。财务预测主要是对企业即将进行的经营活动的利润预测。该预测方法有利于帮助企业筛选高利润的经营活动。同时财务管理的具体内容还包括财务决策、财务预算、财务控制。它们三者之间关系的意义在于帮助企业制定明确的财务发展战略，该发展战略有利于提高企业的社会地位，从而提高企业的社会影响力。分析既是对前期工作的总结和评价，又是对下期工作的经验指导或警示，在财务管理方法中起着承上启下的作用，随着财务管理的持续进行，正是因为分析的存在，才使预测、决策、预算、控制、分析首尾相接，形成财务管理循环。

# 第五节　财务管理的环境

资金雄厚的企业既要有扎实的业务基础，又要有丰富的理财经验。企业的业务活动受企业地位以及信誉的影响，而企业的理财则受理财环境的影响。理财环境按照它存在的方式，可以划分为内部环境和外部环境。企业内部理财环境存在于企业内部，是企业可以通过采取一定的措施加以控制和改变的因素，主要包括企业资本实力、生产技术条件、经营管理水平和员工素质等。相对于内部来说，外部理财环境的特点是不可预测性。它主要体现在市场环境的变化上，因为市场经济的规律很难被人们掌握，所以市场的环境是变幻莫测的。综上所述，人们为了企业的发展更多的是调整企业内部的结构。下面笔者将为大家详细地介绍一下外部环境。

## 一、经济环境

### （一）经济周期

市场经济的运行有其内在的规律。不论一个国家的经济管理水平有多高，也不管人们采取什么样的控制手段，经济不可避免地会呈现出繁荣、衰退、萧条、复苏再到繁荣的周期性特征。在市场经济中经济的周期性活动是市场自我调节的手段。该手段的特点是阶段性和不稳定性。那么对于我国的企业来说经济周期具体有哪些影响呢？在经济周期不同的时期对我国的企业具有不同的影响，并且该周期主要分成四个部分，总体来说可以调节企业的经济结构。综上所述，企业如果想要在经济周期中促进企业的发展，那么企业就需要具有完整的内部财务人员管理制度，并且财务人员要时刻掌握经济发展的情况，并针对这些状况做出正确的决策。

财务管理人员必须认识经济周期对公司理财的影响，预测经济的变化情况，研究在经济周期不同阶段的公司理财的策略，掌握在经济发展波动中理财的本领。

### （二）经济政策

从主体的发展角度来看，该政策的制定主体是国家，而企业是该政策的执行者。该政策的积极落实有利于促进企业的转型发展，也有利于提高企业的社会地位和影响力。同时，它是国家调控经济的一种方式。综上所述，该政策的产生与发展是企业经济发展的基础，也是企业相关制度建立的参考文件。那么它对于财务活动的影响主要体现在哪些方面？例如，国家为防止通货膨胀，采取紧缩性的货币政策，贴现率上升，法定准备率提高，在金融市场发行政府债券以回笼货币。以上做法对于我国企业的发展是不利的，它在一定程度上提高了企业融资的成本。

从企业经济增长的角度来看，经济政策的制定与落实有利于减少企业不必要的经济支出，从而减少了费用、增加了收益。同时，该政策的发展也是国家实行领导职能的体现。

### （三）经济发展水平

从社会发展的进程来看，经济发展主要体现在哪些方面？管理结构上、人员素质上、企业升级上。无论在哪个方面，经济都对其产生了不可替代的影响。在这么多的内容上我们只是重点地讲解管理结构上的影响。那么这些影响都是积极的吗？不是。因为经济是独立于财务管理的，有的会先于财务管理发展，有的则后于财务管理发展。这就需要我国的各个行业和各个领域要有一双识别的眼睛，寻找能够促进自身发展的积极影响。因此，企业财务管理工作者必须积极探索与经济发展水平相适应的企业财务管理模式。

## 二、法律环境

法律的环境具有约束力和守护力。每个行业既要遵守相关的法律法规，又要完善企业的财务管理结构体系。因此，法律的作用不是在于限制企业的发展，而是在于为企业的进步保驾护航。

### （一）企业组织法规

从国家法律的角度出发，企业成立的条件必须既包括不违法的思想意识，又包括能够盈利的经济活动。

从国家对企业的规范中可以看出，国家不允许企业自己私下无规则地发展，因为那样的发展会破坏国家与人民之间的发展平衡。《公司法》对公司生产经营的主要方面也做出了规定，包括股票的发行和交易、债券的发行和转让、利润的分配等。作为一个公司的财务管理人员，必须熟悉掌握相关的企业组织法规，依法设立企业，并按照相关法律的要求来开展公司理财活动。

### （二）税法

税法是我国企业与人民必须遵守的法律。如果纳税主体没有按时向国家交税，那么他将负担相应的法律责任。

税法被国家按照不同的性质分为不同的种类，其中按照征收主体的不同分为以下几种。

#### 1. 流转税法

流转税法是对货物的流转额和劳务收入额征税的法律规范，主要包括增值税、消费税、营业税和关税等。其特点是与商品生产、流通、消费有着密切的联系，不受成本费用和利润多少的影响，易于发挥对经济的宏观调控作用。流转税法被世界各国，尤其是发展中国家重视和运用。

#### 2. 所得税法

所得税法是对纳税人的各种所得征税的法律规范，主要包括企业所得税、外商投资企业和外国企业所得税、个人所得税等。其特点是可以直接调节纳税人的收入水平，发挥其公平税负和调整分配关系的作用。所得税法被世界各国普遍运用，在市场经济发达和经济管理水平较高的国家更受重视。

#### 3. 资源税法

资源税法是对纳税人开发利用各种应税资源征税的法律规范，主要包括资源税、耕地占用税、土地使用税等。其特点是调节由自然资源或客观原因所形成的级差收入，将非经主观努力而形成的级差收入征为国家所有，避免资源浪费，保护和合理使用国家自然资源。

#### 4. 财产税法

财产税法是对纳税人的财产的价值征税的法律规范，主要包括房产税、契税、遗产税等。其特点是避免利用财产投机和财产的闲置浪费，促进了财产的节约和合理使用。

#### 5. 行为目的税法

行为目的税法是对纳税人的某些特定行为以及为实现国家特定政策目的征税的法律规

范，主要包括印花税、屠宰税、筵席税、固定资产投资方向调节税、城市维护建设税、车辆购置税等。其特点是可选择面较大，设置和废止相对灵活，可以因地制宜地制定具体征管办法，有利于国家对某些特定行为的引导。

在我国有很多企业为了不交税额而走上歧途。这是一条自断生路的道路，也是一条身败名裂的道路。多年来，很多例子证明该行为的后果。因此，企业要按照规定的时间与金额缴纳税款，并通过其他形式提高企业的净收入。对于财务主管人员来说，精通税法有着重要意义。

### （三）财务法规

各行各业都需要准则进行规范，财务活动也不例外，它也需要相关的制度规范，主要包括以下两个方面。

**1. 企业财务通则**

企业财务通则是各类企业进行财务活动、实施财务管理的基本规范。我国现行的《企业财务通则》是由国家财政部制定的，它对建立资本金制度、固定资产的折旧、成本的开支范围、利润的分配等内容都做出了明确的规定。

**2. 行业财务制度**

行业财务制度的特点是适应性、兼容性、时代性。首先，该制度的适应性具体是指它适用于每一个行业，每个行业的具体做法与做法的后果它都要有所规定。其次，该制度的兼容性具体是指它本身会吸收其他国家的优秀做法，从而完善自身的准则以影响每个企业行业的发展速度。最后，该制度的时代性具体是指它会随着国家法律与政策的发展而发展，从而完善各个企业内部财务管理制度。由此可知，该制度的建立与发展是其他企业活动的指导性文件。

### （四）其他法规

除上述法规外，与企业财务管理有关的其他经济法规有证券法、结算法、合同法等。企业财务管理人员应该熟悉这些法规，在守法的前提下进行财务活动、处理财务关系，以实现企业财务管理的目标。

## 三、金融环境

金融环境是影响企业发展各个因素的总称。那么企业如何在这样的环境中使自己脱颖而出呢？在创新上，企业要跟随国家的脚步对内部人员进行积极的培训，从而提高财务管理制度的创新能力。在经济上，企业要在该环境中运用正确的方法使资金再升值，提高企业的内部财务能力。在管理上，企业要在该环境中时刻更新财务管理制度。那么该环境主要包括哪些方面呢？

## （一）金融机构

金融机构既是人们资产流通的场所，又是人们进行各类经济活动的场所。同时该类机构被分成不同的类别，具体内容如下。

### 1. 银行业金融机构

银行业金融机构是指经营存款、放款、汇兑、储蓄等金融业务，承担信用中介的金融机构。银行的主要职能是充当信用中介、充当企业之间的支付中介、提供信用工具、充当投资手段和国民经济的宏观调控手段。我国银行主要包括各种商业银行和政策性银行。商业银行包括国有商业银行（中国工商银行、中国农业银行、中国银行和中国建设银行）和其他商业银行（如交通银行、广东发展银行、招商银行、光大银行等），国家政策性银行主要包括中国进出口银行、国家开发银行等。

### 2. 其他金融机构

其他金融机构包括金融资产管理公司、保险公司、证券公司、信托投资公司、财务公司和金融租赁公司等。

## （二）金融市场

金融市场不是传统的市场，它融合并浓缩了国家很多的商业主体在里面。它们各自发挥作用，共同促成了金融市场在其他市场中的地位。同时金融市场按照不同的格局可以分为两种形式，这两种形式又有各自的特点与作用。

### 1. 金融市场的种类

金融市场按组织方式的不同可划分为两部分：一是有组织的、集中的场内交易市场，即证券交易所，它是证券市场的主体和核心；二是非组织化的、分散的场外交易市场，它是证券交易所的必要补充。本书主要对第一部分市场的分类做介绍。

（1）按期限划分为短期金融市场和长期金融市场

短期金融市场又称为货币市场，是指以期限1年以内的金融工具为媒介，进行短期资金融通的市场。其主要特点是：①交易期限短；②交易的目的是满足短期资金周转的需要；③所交易的金融工具有较强的货币性。

长期金融市场是指以期限1年以上的金融工具为媒介，进行长期性资金交易活动的市场，又称为资本市场。其主要特点是：①交易的主要目的是满足长期投资性资金的供求需要；②收益较高但流动性较差；③资金借贷量大；④价格变动幅度大。

（2）按证券交易的方式和次数分为初级市场和次级市场

初级市场也称为一级市场或发行市场，是指新发行证券的市场，这类市场使预先存在的资产交易成为可能。初级市场我们可以理解为"新货市场"。

次级市场也称为二级市场或流通市场，是指现有金融资产的交易场所。次级市场我们可以理解为"旧货市场"。

从筹资角度来看，企业中的各类人员要熟练掌握金融知识。金融知识包括筹资的手段与筹资相关的法律。如果相关人员不知道这些知识，那么他们的企业将会面临破产的结果。但是如果相关人员善于利用金融市场的相关手段，那么他们的公司将会不断地升级和进步。

**2. 金融工具**

金融工具是在信用活动中产生的、能够证明债权债务关系并据以进行货币资金交易的合法凭证，它对于债权债务双方所应承担的义务与享有的权利均具有法律效力。金融工具一般具有期限性、流动性、风险性和收益性四个基本特征。

金融工具若按期限不同可分为货币市场工具和资本市场工具，前者主要有商业票据、国库券（国债）、可转让大额定期存单、回购协议等，后者主要是股票和债券。

## （三）利率

利率也称为利息率，是利息占本金的百分比指标。从资金的借贷关系来看，利率是一定时期运用资金资源的交易价格。利率在资金分配及企业财务决策中起着重要作用。

**1. 利率的类型**

利率可按照不同的标准进行分类。

（1）按照利率之间的变动关系，分为基准利率和套算利率

基准利率又称为基本利率，是指在多种利率并存的条件下起决定作用的利率，即这种利率发生变动，其他利率也相应变动。因此，了解基准利率水平的变化趋势，就可了解全部利率的变化趋势。基准利率在西方通常是中央银行的再贴现率，在我国则是中国人民银行对商业银行贷款的利率。

套算利率是指在基准利率确定后，各金融机构根据基准利率和借贷款项的特点而换算出的利率。例如，某金融机构规定，贷款企业信用等级为 AAA 级、AA 级、A 级企业的利率，应分别在基准利率基础上加 0.5%、1%、1.5%，加总计算所得的利率便是套算利率。

（2）按利率与市场资金供求情况的关系，分为固定利率和浮动利率

固定利率是指在借贷期内固定不变的利率。受通货膨胀的影响，实行固定利率会使债权人利益受到损害。

浮动利率是指在借贷期内可以调整的利率。在通货膨胀条件下采用浮动利率，可使债权人减少相应的损失。

（3）按利率形成机制不同，分为市场利率和法定利率

市场利率是指根据资金市场上的供求关系，随着市场而自由变动的利率。

法定利率是指由政府金融管理部门或中央银行确定的利率。

**2. 利率的一般计算公式**

正如任何商品的价格均由供应和需求两方面来决定一样，资金这种特殊商品的价格——利率，也主要是由供给与需求来决定的。但除这两个因素外，经济周期、通货膨胀、国家货币政策和财政政策、国际经济政治关系、国家利率管制程度等，对利率的变动均有

不同程度的影响。因此，资金的利率通常由三部分组成：①纯利率；②通货膨胀补偿率（或称通货膨胀贴水）；③风险收益率。利率的一般计算公式可表示如下：

利率 = 纯利率 + 通货膨胀补偿率 + 风险收益率

纯利率是指没有风险和通货膨胀情况下的均衡点利率；通货膨胀补偿率是指由于持续的通货膨胀会不断降低货币的实际购买力，为补偿其购买力的损失而要求提高的利率；风险收益率是指投资人承担一定的风险进行投资，为对其风险补偿而要求提高的利率，包括违约风险收益率、流动性风险收益率和期限风险收益率等。

# 第二章 企业财务管理的基本组成

## 第一节 精细化财务管理

世界经济的发展为各国之间的信息交流架起了一座桥梁。随着该交流的日渐深入，跨国公司、外贸交流油然而生。在我国企业与国外企业合作的过程中，我国企业一直保持着大国的风范。该风范主要包括和平相处、不窃取他国的机密等。同时我国也面临一项巨大的挑战，即科技的创新。该挑战对于我国企业来说是一个转变的机会，也是我国企业内部管理制度逐渐加强的见证。本节主要讲的是企业如何细化内部的管理制度，核心要求是提高我国企业在国际上的影响力。

### 一、企业精细化财务管理的基本内涵

从世界财务发展的经验来看，企业将财务管理计划落实到各个角落是必要的。那么何为落实到各个角落？具体是指既与财务有关的人员，又与财务有关的制度。那么该怎样落实到各个角落呢？对财务相关人员要进行积极的培训，保证财务人员熟练地掌握财务法律。对于财务相关制度的建立，企业要保证其内容符合如今不断更新的思想要求。那么落实的意义体现在哪里呢？该计划的落实有利于提高企业的财务管理能力，有利于提高企业财务水平的国际影响力，有利于促进企业内部人员对财务的归属感与认同感。

### 二、当前时期下企业精细化财务管理工作中存在的问题分析

在如今的社会上，我国许多企业内部的财务制度都存在瑕疵。该瑕疵的产生有很多种原因，具体内容如下。

#### （一）精细化财务管理意识十分淡薄

在世界发展的进程中，发展的基础是意识的自主性，同时意识的产生是世界变革的必然结果。如果一个人自身没有强烈的成功意识，那么他一辈子都不会成功。企业的经营管理的道理也是如此。所以对于企业来说，既要提高自身的社会地位，又要提高自身的内部管理思想。综上所述，该思想的有效落实可以提高企业的存续年限。

### (二)精细化财务管理相关资料及数据真实度较差

从国家财务发展的基础来看,科学的数据与真实的信息是不容忽视的条件。企业如果想要成为其他公司财务管理制度的榜样,那么就要从以上两个方面提升公司的财务能力。同时财务活动进行的基础是财务预算,因此企业就需要从以上两个方面提高自身的预算能力。综上所述,企业财务管理进步的基础是有可靠的信息来源以及真实的数据支持,同时这些都是企业在同行业中独特发展的基础。

### (三)未构建完善和健全的财务预算管理体系

从各个国家财务监视发展的角度来看,规整有序的财务系统需要具有完整的监视机制。该机制不止体现在国家财务上,也体现在企业的财务上。因此,我们可以看出对于该制度建立的重要性。同时,财务预算的准确性高低会影响企业对未来投资的方向,该制度的建立有利于提高预算的准确性,也间接地提高了企业财务体系的发展。综上所述,企业引进与建立的监视制度是财务能力发展的里程碑。

### (四)财务管理监督机制严重匮乏

从企业财务监管的角度来看,我国企业在这方面的意识略为薄弱。我国企业该如何建立财务监管制度?企业要建立独特的监管制度,只有这样才能成为行业发展的"领头羊"。首先,从自身的内部出发,企业要寻找到自身存在的缺点从根本上解决问题。其次,发挥集体的作用,企业要发挥各个部门员工的作用,监管财务人员的行为,并且建立相应的奖惩制度。最后,发挥国家监管的作用,企业要有谦虚意识,正确地看待国家的相关法律制度,并为内部的财务人员进行法律监管培训。

### (五)财务管理在企业各项管理中的平衡地位被完全打破

从企业各个部门的角度出发,企业逐步认识到了财务部门的重要性。从之前许多年的企业管理案例来看,企业失败的原因大多都在于没有理解财务的根基内涵。他们都只看到了最浅显的财务意义,也都是着力于建设最浅显的发展计划。但是,随着社会的发展,企业的财务弊端都显露了出来,给企业带来了致命的打击。综上所述,深入了解财务管理的具体内涵是企业管理制度发展的前提条件。

企业要在如今的发展中正确思考如何才能让企业长久存在于世,那么该问题的解决方案是什么呢?从近年来可以看出,最有效的解决方法是建立完整的财务管理体系。综上所述,该体系的建立是企业屹立于世界同行业中不倒的标志。

## 三、精细化财务管理的特色

企业发展的灵魂在于财务。财务管理制度的完善或散乱决定了企业的发展前景。针对该现象,对于企业管理者来说,他们需要聆听各种不同的声音,并且将这些声音进行整合,提炼有用信息,从而完善财务管理制度。该制度建立的特点是精细化。企业经营者对企业相关的财务制度要面面俱到,并将它作为终身的工作目标。

### （一）制度精细化

从财务管理的整体结构来说，财务管理制度的精细化是企业发展的必然要求。同时，精细化具体是指企业经营者所制定的财务策略。从工资的角度出发，企业通过制定完善的底薪与奖惩制度，为工资的核算提供条件。从财务人员管理的角度出发，企业要加强对相关财务人员的技能培训。从公司现金支出的角度出发，企业要建立相应的制度严格控制现金的支出。综上所述，企业内部财务管理制度的精细化在于对任何与财务有关的人和事，该精细化的发展有利于提高企业的社会影响力。

### （二）流程精细化

从企业财务发展的一般程序来看，企业要根据自身的实际情况对每一场程序都做出相应的要求与规划。该要求和规划的产生与发展有利于提高员工对财务数据的重视。企业的财务发展程序有哪些？首先，企业要进行发展预测，企业要为自己的发展从财务的角度制定相应的策略。其次，企业要进行财务预算，企业要明确自身的经济实力，要知道自身能否做下一个项目，要有居安思危的意识。最后，企业要加强人员对财务数据的分析能力，因为该资料对于企业来说是无可替代的，它决定了企业的生存与灭亡。综上所述，财务流程的精细化对企业的后续发展起到了决定性的作用。

### （三）质量精细化

从企业管理的角度出发，企业要结合不同企业的管理制度来完善自身的管理结构。企业分成两种形式：成功的企业和失败的企业。对于成功的企业来说它自身的内部财务制度是有参考价值的，对企业来说有激励的作用。对于失败的企业来说它失败的原因具有警示作用。对于它们来说，它们都落实过财务质量精细化的管理制度。综上所述，企业内部综合管理能力的提升有赖于正确的财务管理制度。

### （四）服务精细化

从企业产生的角度出发，企业的产生与发展都离不开内部财务人员的支持。企业内部像一张巨大的蜘蛛网，各个部门都是该网上的节点，蜘蛛是企业的管理者。针对该比喻我们可以看出来，企业内部人员的思想建设是非常重要的。综上所述，服务精细化的贯彻与落实与人员的可持续发展有关。

## 四、精细化财务管理的实施方法

### （一）企业内部实施成本预算管理

该预算管理的准确实施具有以下几种意义。在成本上，企业通过对该预算的合理利用，能够降低企业的各项成本。在发展地位上，企业内部建立完整的该预算管理是企业成功的标志，也是企业提高社会地位的关键因素。在财务数据的记录上，企业要善于利用该预算的方式,从而提高企业财务数据的科学性。综上所述,该预算的合理建设与发展可以在整体上降低企业财务的错误率。

## (二)精细化管理认真落实

从企业长远发展的目标来看,精细化的落实符合企业的终身发展要求,也是企业适应国家政策的必然要求。如果该计划没有得到落实,那么对于企业来说会造成什么影响?其一,在财产保密性上,人员可能对公司的财产机密进行泄露,从而使企业丧失竞争优势,也有可能造成企业破产清算的现象。其二,在公司内部的管理上,该计划的缺失会导致企业内部的管理紊乱,人员之间相处环境不友好,可能造成员工大部分离职的现象。其三,在公司利润上面,该计划的缺失会造成公司净利润的亏损,导致公司因为无法盈利而灭亡的现象。其四,在薪酬核算上,该计划的缺失会造成员工薪酬核算不正确的现象,从而对公司的名声与信誉造成不可挽回的影响。其五,在企业的资金分配上,该计划的缺失可能造成企业资金分配不合理的现象,该现象的产生可能对高新科技的产品造成无法估计的影响。其六,在企业成本控制上,该计划的缺失会增加企业的成本,成本的上升代表了收益的减少,不利于企业的经济化进步。其七,在企业的投资风险上,该计划的缺失会加大企业的投资风险,造成本金无法回收从而亏损的现象。其八,在企业的制度建立上,该计划的缺失会影响人们的判断思维,进而无法使企业建立完整的财务制度。

从上述的论述中我们可以看出来,精细化制度的落实与发展对企业变革与革命的重要性。该计划是企业提高工作效率、提高收益、人员可持续发展的重要手段。

# 第二节 财务管理中的内控管理

一个企业成功的秘诀在于它具有良好的内部环境。良好的内部环境具体是指分工明确、人员关系和谐、企业发展目标明确。但是这样的环境并不是每个企业都能拥有的,拥有它的基础条件是该企业需要具备完整的内部管理体系。综上所述,完整的管理体系有利于公司内部的和谐发展。

## 一、内控管理对财务管理的作用

公司的发展受两个方面的影响,一方面是外部的市场环境,另一方面是内部的管理制度。对于公司来说外部的市场环境是不能控制的,但是内部的政策是可以调整和改变的。我们可以试想一下,如果公司内部没有完整的管理方法,那么它将会面临什么样的现象。该现象肯定会围绕着混乱的、消极的和沮丧的气氛,在该种气氛下生存的公司其根部会是腐烂的、散发恶臭气味的。由此可见完整的内部管理制度对公司发展的重要作用。

### （一）有利于保护公司资产

从公司员工的角度出发，内部管理制度的建立提升了员工的职业素质。该职业素质的内容具体是指哪些？首先在道德上，它能够规范员工的道德感，帮助员工树立正确的三观。其次在技能上，它能为员工提供学习的理论基础，帮助员工提高技能水平。最后在保守秘密上，它能提高员工对公司的归属感，从而增强员工对于公司秘密的保守意识。综上所述，内部制度的建立有利于提升员工对公司财产的认同感。

### （二）提高财务信息真实性

从企业财务信息的角度出发，内部管理制度的产生与发展为财务信息的科学性提供了强大制度支持。如果企业内部财务数据的科学性是有待考量的，那么对于企业来说这将是一个致命的打击。同时对于企业来说财务数据是命脉，也是一切活动进行的根基。由此可见，内部管理制度的重要性。综上所述，企业要发展就必须具有科学的财务数据，科学财务数据的来源是完善的内部管理制度。

### （三）公司经济效益得以提高

从公司收入的角度来看，内控管理制度的建立是必不可少的要素。成功的企业其内部管理一定会是最先进的，同时也是符合国家发展要求的。因此，各个想要成功的企业就需要学习它们内部的管理制度，从而不断加快自己资金回流的速度。综上所述，该制度的建立有利于企业成本的降低，净收入的增加。

我国很早就已经实行了内部管理控制制度，并且它已经渗透到了我国各个中小企业中。从我国企业取得的成果来看，内部管理制度的意义主要体现在哪里？在收入上，它可以从根本上提高企业对资金的利用效率。在管理上，它完善了企业原本的管理制度，提高了企业财务管理效率。在损失上，它减少了企业不必要的费用支出，为企业省下了一大笔的发展资金。综上所述，国家贯彻的内部管理制度全面提高了企业的能力。首先国家对内部控制实行了相关规定，企业发展期间也需要内部控制制度的规范，企业不断完善自身内部控制可以在较大程度上提高企业的效益和工作效率，能够有效避免企业在经营期间出现管理风险以及舞弊行为等。同时企业的经营者要根据企业发展的历史全面贯彻和落实国家的内部管理制度，从而改变企业原有的制度，最终提升企业的社会影响力。

## 二、内部控制在财务管理当中的范围

从企业内层发展的角度来看，何为财务管理的内部控制制度？该制度的核心思想在于联系，即加强各部门之间的联系，同时也加强各部门工作人员之间的联系，从而共同促进财务体系的完善。从一些企业经营失败的原因来看，它们在日常经营活动中大部分都没有该控制的建立。如果没有建立该控制，那么它们会面临什么样的结果？在工作效率上，财务资金分配的效率会下降，从而降低企业的发展效率。在竞争力上，企业将丧失财务管理创新竞争力，从而降低企业在社会中的地位。在经营成本上，企业会增加经营成本减少净收入，长此以往，企业的资金会断流，不利于企业的后续发展。综上所述，该制度的建立对企业的发展起到了不可比拟的作用。

### （一）内部控制是控制机制的重要组成部分

从企业内层结构管理的角度出发，内部控制是必不可缺的要素。如果企业没有建立内部控制体系，那么该企业会面临哪些问题？在内部资金的结构上，资金的支出与收回没有明确的记录和完善的保障，会造成企业经营者与投资者之间的矛盾。在企业信誉度上，在社会中该企业的工作者代表的是企业的形象，然而企业内部工作者的人文素质没有得到培养与发展，因此这就可能给企业造成名誉的损失。在公司的财务制度上，会给财务工作造成很大的困难，因为财务工作者没有可以依据的政策，无法判断自身行为的利与弊，最终造成财务工作效率低下的现象。

### （二）内部控制保障资金安全

从企业财产的角度出发，内部控制为财产的存续与升值提供了人为的屏障。那么该屏障主要体现在哪些方面？其一，主要体现在财产流方面。企业内部控制的建立可以减少企业财产不必要的支出，从而促进企业财产的再利用，增加企业的财产流。其二，主要体现在对未来财务规划的方面。每个企业都会根据自身以往的财务数据对企业未来财务状况的发展做出详细的规划，因此内部控制的建立为该规划提供了真实有效的数据。综上所述，内部控制有利于企业资产的升值。

### （三）内部控制降低企业经营风险

从企业经营的角度来说，企业损失的高低是企业发展速度快慢的基础条件。从历年来存续的企业来看，它们发展速度迅速是因为它们没有增加不必要的损失支出。同时企业这种情况的产生有赖于内部控制的建立。该制度的建立可以为企业提供有效的财务发展数据，从根本上减少了企业的财务损失，从而加快了企业的发展速度。

### （四）内部控制是企业发展的必然要求

从市场环境多变的角度出发，企业只有建立完整的内控制度才能在该环境中发展，否则可能被市场淘汰。那么内部控制的建立对市场环境的适应性主要体现在哪里？其一，在发展数据上，市场变幻莫测的环境可以为建立内部控制的企业提供真实的数据。其二，自身水平上，企业在市场经济的竞争中可以正确地认识自身的实际发展情况。综上所述，内部控制的建立为企业的发展提供了良好的平台。

### （五）提升企业财政管理的水平，适应财政改革的发展

从国家发展的角度来讲，国家对于企业的财政改革政策越来越完善。但是正所谓"世界上没有完美的事物"，那么这里"不完美"体现在哪里？首先，企业政策调整不及时。企业没有跟上国家的财政步伐，从而导致内部政策落实得不扎实，不利于未来的发展。其

次，在财政政策本身上，一些财政政策缺乏实践的检验，它们可能没有经历过具体的落实，可能出现企业政策与国家财政政策不适应的情况。最后，在企业与国家政策融合的过程中，该融合过程可能进行得不是很顺利，因为每个政策都会有它的适应性，每个企业的经营性质都不同。同时过多的财政政策可能给企业造成"眼花缭乱"的现象，从而不利于企业自身的财政发展。综上所述，国家对该政策的建立要符合实际的要求，同时政策的具体内容与作用要经历实践的检验才可以落实到不同的企业中。

### 三、财务管理过程中内控管理的措施

在自然发展的过程中，树木的腐败往往来自其根部。同理，从我国企业发展的角度来说，企业根基的稳固是非常重要的。同时企业稳固的根基需要具有严格的内层管理制度，该管理制度的建设与发展可以滋养企业这棵大树发展的根须。

#### （一）建立完善的财务管理内控制度

从企业内层发展的角度来看，财务管理完整的内控制度是企业财务发展必不可少的条件。那么该如何建设该制度？在监管上，企业在建立人人监管制度的基础上要辅以严明的奖惩制度，从而提高人们的参与度。在制衡上，企业要建立相互制衡的部门，以确保不会出现一家独大的现象。同时要充分发挥每个部门的作用，共同促进企业内层的发展。

#### （二）提高公司财务人员的职业规范，完善内控管理

对于企业内层的发展，除了建立相应的制度之外，还要对其相关的工作者进行约束。该约束主要体现在三个方面。在思想上，相关的工作者要具有保守企业秘密的意识，要尊重企业的发展成果。在技能上，相关的工作者要通过不同的手段提高自身的能力，例如，考取证书。在行为上，相关的工作者要按照国家的法律规范约束自己，从而提升自己的品质。

#### （三）加强内部审计监督

内部审计监督是公司财务管理控制的重要组成部分，有着不可动摇的地位，是内部监督的主要监管方法，尤其是在当代公司管理中，内部审计人员将面临新的职责。公司应建立完善的审计机构，充分发挥审计人员的作用，为公司内控管理营造一个良好的环境。

#### （四）加强社会舆论的监督

如今社会的经济发展速度非常迅猛，人们已经实现了随时随地交流与沟通的梦想。同时该梦想的实现也为人们带来了良多的益处，人们可以对事情自由地发表自己的看法。所以这为财务管理政策的加强提供了优良的条件。综上所述，汇集大多数意见的财务管理政策是最有利于企业发展的政策，它也可以推进企业内部政策的调整与完善。

#### （五）重视内控管理流程

资金管理是公司财务管理中最重要的内容，财务管理人员需对资金使用情况进行严格审批管理，使资金管理更具有合法性。例如固定资产管理，财务部门可派专门人员对其进

行单独的管理，对某一项目资产管理时，公司应对其预算有严格的审批，只有建立标准的额定费用使用机制，公司资金才能发挥最大的作用，才能保障周转一切正常。

由此可以看出，企业发展的基础是对财务资产有效利用政策的制定。该政策的制定可以加大企业对资产的掌控力度，从而在激烈的市场环境中脱颖而出。同时该政策也可以通过财务资产的增值来提高企业的竞争力与社会地位，从而增强企业财务的国际影响力。

## 第三节　公私合营模式项目的财务管理

社会各项因素的发展对国家的建设提出了更高的要求。该要求预示着公私合营模式的产生与发展。该模式符合国家基本设施的建设，也符合国家对未来发展模式的盼望。不过目前因为应用时间不长，所以它目前并没有完整的实施措施与实施策略。这就需要国家发挥其对企业的领导职能，加快该模式相关策略的建设。

### 一、公私合营模式的定义

公私合营模式的产生与发展打破了我们原有的发展观念。我们原有的发展观念在于独立发展，但是由于独立发展的资金、设施、科技等因素有限，因此很难建设大项目。同时国家的发展都是从大项目开始的，独立的主体不能完成这件事，所以就产生了该模式。综上所述，该模式的内涵主要在于，因为国家建设的需要，所以产生的类似于"共生"的一种模式。

### 二、公私合营模式项目的特点

公私合营模式的发展是社会发展的必然要求，该模式的主体由政府和企业组成。该模式的核心发展要求是加强各个主体之间的联系、拉近主体之间的距离。因为只有将发展放在同等地位进行才可能有效地发挥该模式的作用。同时该模式的特点是时代性、公平性、进步性。从时代性的角度出发，二者之间的合作是时代发展的产物，也随着时代的变迁而改变。从公平性的角度出发，二者之间在合作的时候资源是共享的，不存在你多我少的不公平现象。同时国家也会建立相应的保护措施，提高企业与政府之间的信任感。从进步性的角度出发，政府的进步性体现在相关社会资源的进步，而企业的进步主要体现在制度上，它的制度会经过国家制度的洗礼而提升。由此可以看出，该模式的特点主要是由它们彼此之间融合而产生的。综上所述，国家对大项目的建设离不开该模式的发展，因此国家要提倡该模式的建立，要提高社会企业对国有企业的归属感和认同感，要形成政府与企业共同发展与共同更新的局面。

## 三、公私合营模式项目中财务管理问题

### （一）项目中的资金管理问题

在社会发展的进程中，公私合营模式主要面对的问题是对于日常经营活动资金的有效利用与合理分配没有完整的体系。这就要求企业按照国家的标准改善自身存在的问题，从而促进该模式对资金体系的完善。

### （二）财务预算过程中执行不到位

公私合营模式要求企业根据国家的预算模式标准进行预算体系更新。该体系的更新有利于充分发挥企业与国家相结合的作用。同时对于企业来说，该预算体系的更新可以提高企业各部门对资金的使用效率，从而提高企业经济活动的质量。由于国家处于不断发展的过程中，因此对于预算的体系也是不断更新的。所以对于企业来说，它们要时刻保持清醒的状态，及时跟上国家预算的脚步。

### （三）财务内部控制缺失的问题

公私合营模式并不是完美的模式，它也会存在一些问题。该问题主要表现在国家对公司发展的规划问题上。因为在该模式中国家始终处于主导地位，企业受到国家的引领从而得到发展。因此，国家充分发挥该模式作用的基础在于对企业的监管制度的建立。监管制度主要体现在企业内部财务人员、企业相关财务政策、企业财务成本等。项目公司在正常管理中方式较为粗放，内部控制制度没有受到足够的重视，这些也是较为普遍的问题。企业发展的基础是内部监管制度的建立与发展。但是有些企业将监管制度的内涵进行了曲解，以致限制了企业财务体系完善的速度，这种做法是不可取的。因此这就需要企业充分认识到监管制度的含义，建立正确的监管制度。

### （四）融资投资管理问题

公私合营模式的产生是在国家集资办大事的背景下。在该背景下，国家的财政投入会比较少，因为国家的资金可能在其他大项目上。因此这就需要企业具有"国家强，企业强"的意识，充分发挥其促进国家建设的作用并为此投入更多的可使用资金。这也就间接地要求国家建立相应的对企业资金保护的政策，为企业资金的收回提供政策支持。

### （五）风险管理问题

在市场经济中，企业会存在为了追求眼前的利益而损害长远利益的做法，同时这也是市场经济发展下的特点。因此公私合营模式对于企业的这种做法是不适应的。因为公私合营模式追求的是长远发展的利益，也追求的是合作共赢的目标。综上所述，该模式应该避免企业不正确的发展目标。

## 四、公私合营模式模式下的项目管理财务管理策略

### （一）建立完善的风险识别与控制体系

随着社会的发展与进步，公私合营模式已经成为发展的必然要求。该要求需要企业与政府之间相互作用，共同促进社会的发展。同时该模式的核心思想是合作共赢。那么这两个主体在发展中该如何体现这一核心思想呢？双方对同一项目的发展要制定多种不同的战略。不同战略建立的原因是在市场的环境中可能存在许多我们未知的因素与挑战，因此双方都需要做好万全的准备以便应对突如其来的状况。综上所述，公私合营模式顺利开展的原因在于双方的责任要对等，双方的发展意识要具有新意。

### （二）加强预算管理与资金控制

公私合营模式要求双方具有先进的资金配置思想。在日常经营活动之前，双方要估计该活动所需的资金，从而做好资金的统筹规划与收集。在日常经营活动中，双方要根据活动的实际情况对资金进行分配，例如科技投入高的企业要多分配一些资金。在日常活动结束之后，双方要积极总结资金分配的经验，要知道哪些资金可以省下来，哪些资金需要多投入一些。

### （三）加强成本控制

公私合营模式具体是指企业与国家合作共赢的一种新型发展模式，并且该模式的充分利用可以加快我国基础设施的建设速度。那么该如何充分发挥这个模式的作用呢？首先，要控制双方的财务支出。双方对财务支出的有效控制在很大程度上为基础设施的建设节约了资金。其次，要建立正确的设备折损措施。设备折损现象是发展过程中必须经历的，因此这就需要双方建立正确的应对措施。最后，要正确理解财务指标代表的含义。因为财务指标的变动是财务信息的传递过程，所以双方要抓住这个机会尽最大的可能掌握财务信息。

### （四）加强财务分析，完善定价制度

公私合营模式有效开展的关键是双方发展的目标要具有一致性。该目标的一致性主要体现在资金投入目标的一致性、相关战略目标的一致性等。同时该目标一致性的建立有利于将公私合营模式的作用发挥到最大，也有利于提高双方财务分析的水平。对于定价制度的产生与发展，双方要分别根据自身的财务经验展开交流与讨论，最终确定有利于双方共同发展的定价制度。综上所述，该模式的发展与完善对国家的基础建设具有真真实实的促进作用，它从根本上改变了有些企业独立国家发展的状况，同时也拉近了企业与国家之间财务发展的距离。

公私合营模式是企业与国家合作的里程碑。在该模式下，企业的财务管理结构受到了国家的积极影响。这些提高项目财务管理效率同时让企业的决策更加科学。该模式的产生与发展在一定程度上提高了国家对企业的认可度，为企业的发展提供了精神支持与法律依据，同时这种模式也是国家未来建设发展的必然要求。

# 第四节 跨境电商的财务管理

伴随着互联网技术的飞速发展和经济发展的深度全球化，我国的跨境电商产业迅速崛起，截至 2016 年底，中国跨境电商产业规模已经超过 6 万亿元，年均复合增长率超过 30%。跨境电商产业在传统外贸整体不景气的经济环境下依旧强势增长，本节在此背景下，阐述财务管理对跨境电商运营的重要意义，并分析跨境电商企业在财务管理方面面临的问题，如会计核算工作不规范、缺少成熟的跨境电商财务 ERP 系统以及跨境电商税务问题等，针对跨境电商财务管理面临的问题提出相应的财务管理提升方案，从而促进跨境电商企业财务管理的不断完善。

## 一、财务管理对跨境电商运营的重要意义

从国家在世界上的影响力角度出发，我国的财务制度发展速度是非常快的。这种高速度的发展让我们产生了新的行业，即跨境电商。如果一个企业已经是跨境电商了，但是它没有完整的财务管理体制，那么它将面临哪些困难呢？首先，人员不足的问题。人员是一个企业发展的根基，如果企业缺乏对应的人员，那么这个企业将不复存在。其次，企业发展规模问题。企业发展规模将不会扩大，同时企业进步的脚步也会停滞不前。最后，解决问题能力。企业将不会拥有克服问题的能力，它们会变得"胆小"，并且遇事便会退缩。综上所述，完整的财务管理体系对跨境电商的发展具有不可替代的促进作用。

## 二、跨境电商在财务管理上存在的问题

### （一）会计核算工作缺乏规范性

从各类行业发展的经验来看，企业在进行一项财务活动后需要进行经验的总结，无论是失败的经验，还是成功的经验。同时，企业要明白财务发展的基础是有价值的财务核算。但是有一些跨境电商的企业并没有意识到问题的严重性，那么对于跨境电商来说该核算的合理运用有哪些意义呢？首先，在管理模式上，跨境电商对于我国的企业来说它的根基没有很深，我国企业对它的经验摸索只停留在浅层上。但是跨境电商对该核算的正确运用可以提高管理模式的创新，稳固该电商的社会地位。其次，在跨境电商的账务管理上，该核算的充分落实与运用可以提高企业账务的精细度，具体体现在每一笔支出与收入上。最后，在社会责任感上，该核算的制定可以提高企业的承受能力，推动跨境企业的财务管理从稚嫩走向成熟。综上所述，跨境电商由于产生较晚，它的财务管理状况相对于其他行业是较差的。但这只是暂时的，它们需要时间的磨炼与经验的积累，而该核算为它们的财务进步提供了很好的交流平台。

如今国家对综合人才的培养是极为重视的。为什么如此重视该项人才的培养？因为未来国际的竞争是人才能力的竞争，这就间接向我们证明，跨国电商的财务发展关键在于人才的培养。那么综合人才分为哪些？综合人才代表的是除了要拥有强大的财务理论知识，还要拥有高尚的人格与正确的道德观，同时该人才也不能触犯国家财务的法律法规。综上所述，国家要加大对各行各业人才的培养力度，要充分发挥他们的作用，为该电商内部财务管理体系的完善奠定基础。

### （二）缺乏成熟的跨境电商财务ERP（企业资源计划）系统

国家要针对跨境电商行业的发展制定相应的财务软件。从财务发展的角度来看，财务软件的产生大大提高了企业财务记录的效率，也大大减少了企业出现账务错误的结果。由此可见，财务软件的建立对企业内部账务的重要性。如果跨境电商没有相关财务软件的支持，那么它将会面临许多难题，会让它本就不完善的财务体系雪上加霜。那么常见的财务软件有哪些？例如，金蝶、用友等。在我国的企业中用量最大的是用友。因此，国家要发挥其职能为该电商配备此财务软件。

### （三）跨境电商税务问题

从科技发展的角度来看，跨境电子商务的特点是创新性、流动性、宽松性。创新性主要体现在以前的企业发展没有出现过这种形式的商务模式。流动性体现在该电子商务的企业与企业内部的人员流动性比较强，缺乏员工对企业的归属感。宽松性具体是指该电子商务的经营环境是比较宽松的，该环境包括国家法律环境与社会发展环境。但是，对于国家来说该商务的税务征收问题比其他企业要多，主要原因在于该商务本身的性质，它是科技发展下的产物。因此国家要加强相关的税务征收法律监督管理，同时国家要严格规范商务发展过程中日常业务的手续，要为国家的税务征收提供证据。综上所述，该商务的发展既为国家带来了积极的意义，也为国家的税务征收带来了问题。但是它总体发展对国家的促进作用是极大的。

## 三、基于跨境电商下网络财务管理发展建议

### （一）风险意识的树立是网络财务管理优化的重要前提

从国家发展环境的角度出发，跨境电子商务要树立对财务发展的忧患意识。该意识的树立有利于跨境电子商务减少不必要的人力与物力的损失。那么对于跨境电子商务来说要如何树立风险意识呢？这就要求该商务建立完整的应对突然风险的解决措施，同时在日常的经营活动中该商务也要建立两种发展措施，一种是主要的措施，另一种是应对突发事件的措施。综上所述，正确的忧患意识能够提升跨境电子商务的发展地位。

### （二）政府扶持力度的提升是网络财务管理优化的手段

从国家的角度来说，如果国家没有大力推广与发展跨境电商，那么它的发展将会是落

后的。为什么这么说？从财务整体的发展角度来说该电商的发展是必要的，它有利于促进财务体系的完善。因此，国家要提高重视程度，并且要制定相应的发展政策。但是该政策也要遵循财务发展的规律，还要符合现实生活的需要。综上所述，该电商的产生与发展，在一定程度上提高了企业财务的社会影响力，也为企业财务的后续发展奠定了基础。

### （三）网络财务管理系统的构建是财务管理优化的根本

从企业发展失败的例子来看，它们都没有充分发挥网络对财务管理的升级作用。企业财务制度的完整度与清晰度都来自强大的互联网体系，同时也为企业的后续发展埋下了隐患。因此在如今的社会发展中，企业要善于利用互联网技术，将企业内部的财务事项通过电子表格的形式进行记录，如此一来，可以减少企业财务数据丢失的现象，也可以减少不必要错误的发生。

### （四）高素质专业化人才的培养是财务管理优化的必需

从成功企业发展的角度来看，它们成功的因素既不是高端的科技，又不是雄厚的资金支持，而是拥有一支高素质的工作人员。企业内部的工作人员是企业进步与发展的基础，那么要如何培养对企业发展有促进作用的高素质人员呢？从国家的角度出发，国家要加强对财务教育政策的建立与落实，要为人员的培养提供理论支持。从企业的角度出发，企业要定期组织相关财务人员的培训，提高人员的财务素质。从人员自身的角度出发，他们要建立正确的财务发展意识，要树立正确的道德观与人生观，要以企业与国家的发展为己任。综上所述，企业与国家的财务发展需要道德高尚、技能超群的工作人员。

随着社会科技的不断发展，网络已经成为人们进行商品交易和知识交易的平台。这个交易平台被人们称为跨境电子交易。该交易的产生与发展预示着它的发展道路不会一帆风顺，它即将面临一场"暴风雨"的洗礼。为什么会面临一场"暴风雨"呢？因为对于该交易来说，它既没有传统交易模式的完整体系，也没有传统交易模式的发展资源。所以它需要经历各种财务风险的挑战才能成长与完善。综上所述，该交易的发展需要得到世界各方的帮助，同时也需要高素质人才的推进。

## 第五节 资本运作中的财务管理

在如今社会发展的大背景下，我国对企业的财务发展提出了更高的要求。该要求具体指的是什么呢？在企业的结构上，它主要指的是企业内部的资金运作结构。在企业内部的管理上，它主要指的是对相关财务工作者的道德素质管理。在企业的发展上，它主要是指企业对未来财务的规划以及企业对未来投资的计划。那么该要求具有哪些意义呢？它可以提高企业内部对资金的使用效率，同时也有利于资金运作体系的完善。资金运作体系是在如今企业发展条件下的必然产物，它与企业的财务管理目标是相互作用的，二者既相互联系，又相互区别。综上所述，无论企业的规模如何，它们都应该在财务管理的过程中进行资金运作，从而提高企业资产的升级。

## 一、企业资本运营的特点分析

### （一）价值性

资金运作的核心体现是对资金的再升值。资金的再升值主要体现的不是"钱生钱"，而是它们其中蕴含的做事能力。资金是日常活动的基础，因此资金的充足与缺乏决定了企业活动的规模，也就决定了在该规模下产生的社会效益。所以企业要充分认识到资金升值的内涵从而提升企业的社会责任感，最终提升企业的社会价值。综上所述，企业的社会性发展需要充分发挥资金运作的作用。

### （二）市场性

从古至今，市场一直是人们进行交易的活动场所。它能准确无误地反映出人们的需要情况，也能为企业提供真实可靠的商业信息。在如今的社会中，资金运作的发展基础是稳定的市场环境。同时稳定的市场环境可以给资金运作带来准确的数据，以便于提高资金运作的准确性。综上所述，资金运作的市场性主要在于能够通过市场的活动带来有效的信息，最终提高该运作的科学性。

### （三）流动性

资金运作的流动性对企业的主要意义体现在哪里？首先，可以加快企业资金的回流速度。其次，可以提高企业资金运用的价值，促进更多的社会效益。最后，可以提高企业的净收益，提高企业在资金运作中的社会地位。综上所述，流动性是企业资金运作发挥到一定程度而产生的特点。同时该特点的产生也预示了资金运作在管理中的崇高地位。

## 二、强化财务管理，优化资本运作

从企业历史发展的角度来看，资金运作是企业实现最终目的的主要方式。同时在企业的各项政策中各类管理政策处于核心地位。因此，我们必须充分发挥财务管理的积极作用，推动企业资本运作的优化、升级，从而推动企业健康发展。

### （一）强化会计核算工作，完善财务管理

从微宏观角度分析，企业财务管理是企业资本运作中的重要组成部分，因此，实现资本运作会计核算就是将企业资本投入生产经营活动中，从而形成在生产经营中实现会计核算，加强生产成本的控制。同时资本的运作也给企业的发展方式提出了新的要求。该要求主要是指企业要重视自身对资金的运用，不能出现"乱用""混用"的现象。同时还要求企业的经营者在进行合并、融资的过程中时刻保持警惕，不能将自身的资产与其他尚未入账的资产混淆。如果企业没有按照资本运作的新要求去发展企业，那么企业会面临许多关

于资金的问题，从而大大降低企业的生产效率，也会给企业内部的工作人员带来不良的情绪。综上所述，建立正确的资本运作方式可以降低企业的破产率。

### （二）完善企业财务管理

在如今各项经济因素都得到发展的前提下，企业要如何提高自身的财务管理能力？首先，在思想意识上，企业要时刻保持自身的警惕性，因为处在社会中的各类企业之间的竞争是非常激烈的，稍有不顺就会被"吞没"。其次，在行为能力上，企业要说到做到。对于相应的财务发展策略要真正落实，同时在落实的过程中要时刻关注反映出的情况，以便及时调整。最后，在资本运作上，企业要把握住资本运作的特点。综上所述，企业要将资本运作的特点与财务管理的作用相结合，最终推进企业向世界产业的发展之林前进。

### （三）完善资本运作中的财务管理制度

资本运作良好效果最关键的因素是财务数据的真实性，而财务数据真实性的来源需要企业建立完整的管理制度。企业该如何建立这个管理制度呢？从整体上出发要明确自身的实际发展状况，同时要求企业管理者明白自身与其他同行业企业之间存在的差距以及产生该差距的原因。从部分的角度出发，企业要明确分配好各部分的职责。例如，财务部门要及时对财务数据进行盘点；财务人员要不断地学习国家新制定的财务规则；其他人员要协助财务人员办事，未经允许不得私自翻找财务档案。综上所述，良好的企业管理会给资本运作带来完美的效果。因此，企业要在复杂的环境中取得一席之地，就需要付出相应的"代价"。该代价具体指的是企业要脚踏实地地研究管理制度的知识。

企业多年以来的发展规律可以证明资本运作的有效利用是企业制度发展的里程碑。资本运作在企业之间进行的社会地位比拼上发挥了独特的作用。同时拥有强大资本运作体系的企业是该比拼中最浓烈的色彩，也为该企业的未来发展提供了基础性的条件。

# 第六节 国有投资公司财务管理

在我国市场中，投资公司处于发展阶段，然而，因为投资公司能够在降低投资风险的基础上推动其他相关行业的发展，所以这一行业的出现也标志着我国金融服务行业的快速发展。那么投资公司该如何提高自身的能力从而生存在该环境中呢？其一，投资公司需要在该环境中正确认识自身的发展地位。其二，投资公司要明确自身的优势与弊端。其三，投资公司要时刻做好应急措施。

## 一、国有投资公司财务管理基本内容概述

无论是哪种性质的企业，他们发展的基础都需要完整的财务管理体制。那么对于国有投资公司来说，如果它没有建立完整的体制的话会出现哪些问题？首先，在企业经营者的

判断上，不完整的财务管理体制会给企业造成误判的现象。因为财务体系的不完整，所以其带来的数据也是不准确的，这给企业的经营者对未来的发展判断造成了很大的误区。其次，在资金的二次利用上，不完整的财务管理体制无法对企业的资金进行二次利用，因为在该体制下，企业内部的资金管理是混乱的、毫无规律可言的。因此企业无法识别出哪些是可用资金，哪些是不可用资金。最后，在企业的发展意识上，在不完整的财务管理体制下，生存的企业不会具有具体的发展意识。他们对企业的发展认识主要停留在经济层面上，而非社会层面上。综上所述，如果一个企业不具有完整的财务管理体制，那么它将不会得到永恒的发展。

## 二、国有投资公司的性质与目的

从历史发展的角度来看，国有投资企业发展的时间较为充足。从字面的意思上我们可以看出它是由国家主导的企业，该企业的特点是国有性。同时从国家人民群众的角度来说，它是实现人们资产升值的保障。它建立的核心要求是一切为了人民的利益。因此对于国有投资公司来说，它的出现就决定了它为人们服务的终极性质。但是它的作用不仅体现在这里，还体现在保障人民利益的基础上促进国家公共设施的建立。综上所述，国有投资公司是国家间接促进人民经济水平提升的一种手段，也是调整国家基础经济结构的重要方式。

## 三、国有投资公司的财务管理模式

### （一）集权制管理模式

集权制度管理模式的建立既可以促进企业的发展，也可以阻碍企业的发展。因为该模式的建立在一定程度上体现了集权的思想，集权思想具有双面影响。集权思想的意义在于可以集中力量办一件单独无法完成的项目，但是它的不利之处在于高度的集权会导致企业之间发展的不平衡以及内部人员对公司归属感的崩塌。因此在企业发展的过程中，该模式的建立与发展要根据企业自身的实际情况做出底线控制，而不是盲目地效仿其他公司的集权模式。综上所述，该模式整体上的作用是有利的，但是也要根据自身企业的实践状况进行有针对性的选择。只有这样企业的管理者才能做出正确的企业规划，从而推动企业迈向新的征程。

### （二）集权与分权结合的财务管理模式

企业过多地集权会导致企业内部力量的失衡，但是企业分权会导致内部力量的不集中。因此，这就需要企业经营者发挥其作用将二者进行有机结合。这种有机结合并不是意味着你抄袭我、我抄袭你，而是二者相互补充而产生的新思想。同时，该思想对于企业的各项发展来说都是极为有利的。综上所述，二者之间的结合发展可以提高企业内部管理质量，也可以促进企业内部和谐氛围的形成。

对于企业经营者来说，过度的集权是企业分崩离析的导火索，过度的分权是企业散漫发展的根本原因。因此这就需要公司经营者准确把握二者发展的度，在保证公司整体利益的基础上进行二者的结合实验，只有经历过真正实践的制度，才会对真实的企业具有促进作用。该实验的成功也证明了一个企业的综合发展能力。综上所述，企业成功的原因在于对不同道路的探索以及建立的集权与分权二者相结合的发展战略。

## 四、国有投资公司财务管理模式的优化策略

### （一）加强国有控股企业的财务管理

在企业发展过程中，失败是很常见的结果，但是只要充分了解失败的原因就可以减少失败的发生。企业经营失败的大部分原因在于财务管理制度的不完善，因此这就需要加强国有控股企业的财务管理，从根本上减少失败的发生频率。

#### 1. 实行全面预算的管理

该管理的核心在于对财务数据的及时把握。因此这就需要企业建立完整的财务数据审核体系，并将该体系真正运用到企业的日常经营会计核算中。对于在企业会计预算中产生的各类财务数据要通过该体系进行严格的审查，要确定传输到国家的财务数据是准确的、真实的、科学的。因为只有高质量财务数据的产生与提供，才能为我国的企业发展提供可靠的依据。

#### 2. 建立松紧相结合的管理体系

该管理体系的建立是企业财务发展的里程碑。何为松紧相结合的体系？该体系是在公司经营者意识活动的基础上产生的，并且该体系的核心思想在于管理的底线与原则。因此企业财务管理的有效发展得益于在企业内该体系的建设。

#### 3. 加快企业内部咨询制度的建立

该制度的建立在一定基础上反映了企业的内部综合实力。同时，该制度的建立也可以提高国有投资企业的社会地位与国际影响力。因为咨询制度的建立需要企业具有一定的技能知识与良好的信誉度，所以对于企业来说能够建立该制度是十分荣幸的。

#### 4. 完善控股项目单位经营者的激励约束体制

从委托至代理角度进行考虑，基于内在矛盾诸如信息不对称、契约不完备和责任不对等，可能产生代理人"道德风险"和"逆向选择"。因此，需要建立激励约束经营者的管理机制，以促使经营者为股东出谋划策，用制衡机制来对抗存在的滥用权力现象。

### （二）加强对参股公司的财务管理

首先，要从实际国情出发建立相关的法规文件。该文件的建立为国有资金的有效利用与升值提供了文件支持，同时也会减少国有企业的财务问题，因为法规的建立在一定程度上可以约束相关人员的操作方式，从而减少对企业资金的滥用。

其次，要建立稳定的盘点制度。对于企业来说，库存盘点是在发展过程中需要格外注意的问题。该问题的严重性可以直接影响企业的成本支出与资金收益，也可能造成企业内部瓦解的现象。因此不论是国有企业还是一般企业，都需要建立完整的盘点制度，以确保企业库房内原材料的准确性。

最后，要建立平等的买卖制度。对于国有企业来说，它的所有权归属于国家。如果人们没有取得国家的同意从而按自己的意愿对国有企业的所有权进行买卖，那么国家是可以追究其法律责任的。对于一般的企业来说，它们之间的所有权转让只需要转让双方知情就可以进行正常的交易。综上所述，平等的买卖制度贯穿企业的所有权转让中。

企业的财务政策需要根据国家财务政策的发展变化而更新。企业是世界发展进程的标志，因此各国都要加强企业的发展。同时企业发展的基础是具有完整的财务管理体系，所以各国都要不断地更新财政思想提高企业的财务管理水平，在该水平提高的基础上增强企业的竞争能力。

## 第七节　公共组织财务管理

随着社会的不断发展，公共组织财务管理的强化已然成为人们共同的追求。在过去的时光中，美国的相关学术者对公共财务组织管理进行了检查，检查的结果是他们发现了许多财务问题，并且这些财务问题关乎人民的发展与国家的发展。因此他们立即制定了相应的措施，该措施包括国家制定的相关法律文件，这些法律文件对财务错误的产生速度具有约束力，并且在后续的发展中财务错误明显下降。近年来，我国的财政措施也存在一些披露，各企业或公职人员欺瞒国家私吞公共财物的案例屡见不鲜，这就间接向人们证明了建立完整财务政策的重要性。

综上所述，如果想要财政恢复"平静"的生活，那么国家就必须建立严格的财政政策，约束人们的财政能力。

在以上案例中，各国相关的学者对公共财务组织管理的作用进行了深刻的讨论。从我国两位学者的角度出发，他们分别论述了公共财务组织管理的内涵、意义，并且提出了相关的建议与意见，他们的意见相同之处是在于国家要加大公共财务的干预力度，充分发挥国家的主体地位。与此同时，其他国家的学者也进行了对该问题的讨论。相对于其他国家而言，我国对该问题的分析针对我国国情来说是相当深刻的、丰富的，同时也有利于提高我国财务公平分配的效率。综上所述，我国学者提出的关于公共财务组织管理的建设既是促进人民财务意识增强的建设，又是促进国家加强对财务方面研究的建设。它的充分贯彻与落实可以增进国家与人民之间的财务信誉度。基于此，本节在吸收前人研究成果的基础上尝试着对公共组织财务管理的内涵、特征、目标及内容进行探讨。

## 一、公共组织财务管理的含义和特点

公共组织财务管理也称为公共部门财务管理或公共财务管理，是指公共组织（或部门）组织本单位的财务活动处理财务关系的一项经济管理活动。

### （一）公共组织

从组织发展的过程来看，组织可以按照其自身的性质分为不同的种类。社会组织按组织目标可分为两类：一类是以为组织成员及利益相关者谋取经济利益为目的的营利性组织，一般称为私人组织，包括私人、家庭、企业及其他经营机构等；另一类是以提供公共产品和公共服务、维护和实现社会公共利益为目的的非营利组织，一般称为公共组织，包括政府组织和非营利组织。

从我国企业性质的角度来看，国有企业不包括在公共部门中。因为国有企业是国家领导的企业，同时该企业的利得与损失国家具有有限的支配权，只是国家的发展都是从人民发展的角度进行的。因此国有企业最终的目的也是为了人民。

公共部门存在的特点是社会性、公益性。该部门的社会性主要体现在它是社会发展而产生的，不是为了某个私人目的产生的，而是为了公共的利益产生的。该部门的公益性主要体现在它是社会公众的组织，不是赚钱的工具。

### （二）公共组织财务的特点

从不同的角度出发，虽然公共部门具有不同的内涵，但是其内涵的核心内容都离不开两个方面：一是对社会财务做出的详细记录，二是对社会公共资源的有效使用。它主要具有四个特点，具体内容如下。

**1. 财政性**

为什么说公共部门的资金具有财政性？公共组织的最终领导主体是国家，因此该部门的资金来源渠道是国家的财政收入。与此同时，公共部门资金财政性的意义体现在哪些方面？首先，它可以帮助公共部门避免资金链断掉现象的发生。其次，它提高了公共部门在其他行业中的发展地位。最后，它证实了公共部门是国家领导的社会性组织。

**2. 限制性**

该限制性主要体现在国家对公共部门资源利用上的限制。因为从各国企业发展的角度来看，企业权力越大，越会发生滥用的现象，从而造成企业内部根基的腐烂，最终造成企业经营失败。同理公共部门是属于国家领导，同时也是对社会资源具有很大的使用能力的组织，因此国家为了将资源用在真正需要发展的地方，所以就需要对公共部门建立相应的限制制度。综上所述，该制度的建立在一定程度上可以避免权力滥用现象的产生。

**3. 财务监督弱化**

对于公共部门来说，财务监督弱化主要体现在该部门的所有者以及社会公众的监督弱化上。那么它们具体表现在哪里？①资金提供者监督弱化。对于企业资金的提供者来说，他们没有经济收入，但是他们可以提高自身的社会道德感提升自己的价值。针对这种情况，该提供者没有利益的驱使会减少对这项投入资金的关注度，有的人甚至已经忘记这项投资。因此这必然就造成了提供者对财务监督和管理效率低下的现象。②市场监督弱化。该监督弱化主要是公共产品区别于市场产品不同的本质。在该不同的本质下公共部门也会产生错误的判断，例如，无法将公共发展能源合理地分配给每一个发展项目，但是这只是暂时的，随着时间的变化公共部门的监督效率会提升。

### 4. 财务关系复杂

从不同的发展角度来说，公共部门财务关系主要体现在不同的地方。但是总体来说，公共部门财务关系的核心思想是有利于社会发展的思想。①利益相关者众多。利益相关者众多的意义在于可以提高公共部门的资金利用效率，也可以加快公共部门对社会基础设施的建设速度。②存在国家性。这主要体现在它与国家社会发展的目标具有一致性。同时它也是国家领导下的部门，国家政治制度的变化与改革它首当其冲受到影响。综上所述，公共部门财务关系的特点是多样性与国家性，同时这也是它与其他企业不同的地方。

## （三）公共组织财务管理的特点

### 1. 以预算管理为中心

公共部门与企业最大的区别在于它不是以营利为目的的组织。这也就间接造成了它既没有完整的运行体系，又没有明确的数据展示结果的现象。该现象的产生可能导致社会公众与公共部门之间的"误会"，从而降低公共部门的办事效率。因此针对这一现象，公共部门提出了相应的解决措施。该措施的核心在于对国家制定的有关预算管理思想的运用与分析。至此之后，公共部门资金的入账与出账有了明确的参考文件。这也在很大程度上丰富了公共部门财务管理的具体内容。综上所述，公共部门核心思想的产生与发展是公共部门与国家财政相连接的平衡点，有利于促进公共部门财务管理政策的更新与改革。

### 2. 兼顾效率和公平

无论是企业还是公共部门，办事能力的程度永远是它们实力的标志。办事能力的强弱决定了它们的效率快慢与对国家事业建设产生的意义。同时公共部门是以社会利益为己任的组织，所以它的建立要求和目的都应该与社会的发展相关，这就间接要求了它们彼此之间不能发生不必要的冲突，要有先后的发展顺序，同时也要体现出平等的发展地位。综上所述，公共部门办事能力的提升有利于帮助社会公众建立美好的家园，也有利于帮助国家建立稳固的基础设施。

### 3. 微观性

公共部门的微观性主要体现在对国家公共事业的建设上。从公共部门财产性质的角度来看，该性质主要体现在公共财务上，因为该财务的本质在于帮助基层人民群众的发展。但是主体相反的是公共财政，该财政的主体不是公共部门，但是二者的目的都在于国家与社会人民生活水平的发展。

**4. 手段的多样性**

公共部门由于其本身性质，它可以通过不同的方式实现财务管理的目标，并且不同手段实现的财务管理目标其意义也是不同的，但是其最终的意义在于完善其内部的管理措施。同时这也是公共部门与企业之间的又一区别。

## 二、公共组织财务管理的目标

从社会进步的角度来看，我国为了社会公众的利益发展产生了新的组织形式，即公共组织。该组织的核心思想是如何提高社会大众的利益，如何才能最大限度地发挥自己的价值。该组织是在我国总体领导下进行发展的组织。因此，该组织的财务管理目标符合国家发展的相关管理目标。那么该组织的财务管理目标是从哪几个方面实现的呢？其一，社会公众的力量。其二，网络提供的财务数据。其三，对于社会资源的合理利用。综上所述，该组织的产生是社会发展的必然要求，因此该组织的财务管理目标的最终目的是促进社会的发展。它的具体做法主要包括以下三个方面。

### （一）保障公共资源的安全完整

从社会发展能源的整体性出发，这是公共部门财务发展的前提条件。同时公共部门要善于抓住能源整体性的特点，从而制定有效的利用措施。但是由于公共部门工作人员的原因，所以公共部门对财务长远发展没有明确的目标。因此公共部门财务发展的基础条件是建立该目标，同时建立该目标的基础是需要公共组织掌握社会能源的整体状况。该目标的建立有利于公共组织更好地利用能源减少浪费的现象，有利于最大限度地保证社会能源的完整性。综上所述，公共部门财务目标发展的基础是确保社会能源能够得到合理的分配。

### （二）提高资源使用效率

从社会发展能源的使用能力出发，这是公共部门财务发展的关键条件。该使用能力如何才能得到有效的发展，这是公共部门需要着重考虑的因素。同时它们给出的具体做法是加大对管理制度的建立以及对人们节约意识的发展力度，从而提高对能源的使用能力。

### （三）实现效率与公平的统一

该统一的实现是公共部门的终极追求。公共部门存在的意义在于展示速度与平等之间的关系，同时它们也强调价值的意义在于对社会的贡献度。因此企业要向公共部门学习它们的发展意识，提高自身的社会建设参与度。

## 三、公共组织财务管理的内容

从企业自身的角度出发，它们认为财务活动都是与金钱有关的日常活动，包括企业的融资、破产、收入等。因此财务管理的具体内容就是它们这些要素的具体内容。但是对于公共部门来说，以上的管理内涵过于"狭隘"，因为它们的管理内涵包括许多社会层面的意义，主要内容如下。

### （一）预算管理

从会计相关制度发展的角度来看，公共部门的财务发展需要建立完整的预算管理制度。建立该预算管理制度的意义主要体现在哪里？首先，在过去的发展中，公共部门可以通过对财务预算管理制度的学习，总结出该部门发展经验与发展规律。其次，在现在的发展中，公共部门建立完整的预算管理有利于提高部门的知名度和信誉度，从而提升部门的财务管理质量。最后，在未来的发展中，财务预算可以帮助该部门进行未来资金发展的统筹规划，从而提高该部门的资金利用率。

#### 1. 公共组织预算与公共预算的关系

政府预算的特点是平等性，其核心内容是指对国家整年度财政收入的记录，其主体是国家，其发展要求是促进社会的整体进步以及人民生活水平的提高。但是公共部门预算与政府预算存在很大差别，该差别产生的原因在于双方服务主体的不同。公共部门服务的主体是社会公众，而政府预算的服务主体是国家。

从国家的角度出发，政府预算为公共部门预算提供基础的数据支持。因为相对于公共部门预算而言，政府预算的规模更大、资源更丰富，并且它也掌握着国家最新的财务数据。

#### 2. 公共组织预算管理的内容

从预算管理的流程来看，公共组织预算管理主要包括：①预算基础信息管理。公共组织预算是在充分分析组织相关信息（如人员数量、各级别人员工资福利标准、工作职能、业务量、业务物耗标准等）基础上编制的，基础信息的全面、准确是预算编制科学性的重要保障。在相关信息中定员定额信息是最重要的基础信息，定员定额是确定公共部门人员编制额度和计算经费预算中有关费用额度标准的合称，是公共部门预算编制的依据和财务管理的基础，也是最主要的单位管理规范。受我国政府机构改革的影响，近年来，政府机构撤销、增设、合并频繁，政府部门原有的定员定额标准已不符合实际情况，迫切需要重新制定科学合理的定员定额标准。另外，还应建立相关的统计分析和预测模型，对部门收支进行科学的预测，提高预算与实际的符合度，便于预算的执行和考核。②预算编制。预算编制管理的核心是预算编制、审批程序的设计和预算编制方法的选择。③预算执行。预算执行环节的管理主要是加强预算执行的严肃性，规范预算调整行为，加强预算执行过程中的控制。④预算绩效考核。将预算执行结果与业绩评价结合起来。

### （二）收入与支出管理

从公共部门发展的角度来说，该部门的资金无论是支出还是收回走的都不是个人账户，它们走的都是公账。这里间接体现了公共部门的性质，即无偿性、社会性。

从国家各类企业发展的角度来看，企业收益与企业成本的产生是企业进行日常活动的基础。同时这两种因素也间接反映了企业的发展能力，主要是从两个方面进行的。一方面是低收益、高成本，这是典型的没有发展能力的企业。另一方面是高收益、低成本，这是发展能力强的代表企业。以上都是对社会企业进行的讨论，但是公共部门与社会企业的性质不同，所以以上的结果并不能真实地反映公共部门的发展能力。公共部门的发展能力主要是对于费用的讨论，因为它是不以赚钱为目的的，但是需要考虑费用的支出。因此对于公共部门来说，要合理地控制费用的支出，并建立相应的措施，从而提高该部门在社会中的发展能力。

公共组织收支财务管理制度包括以下方面。

**1. 内部控制制度**

严格的内部控制管理的意义：其一，可以拉近各部门之间的距离，从而提高生产效率。其二，有利于在工作人员中形成良好的竞争氛围，从而提高工作者的工作效率。其三，有利于减少贪污腐败现象的发生，从而为企业的发展提供良好的环境。

**2. 财务收支审批制度**

该制度的建议有利于企业管理者查找每一笔资金的具体去处，从而大大提高财务的工作效率。

**3. 内部稽核制度**

该制度的建议有利于减少企业内部不必要的问题，同时该问题的减少也为企业的发展降低了负担。

### （三）成本管理

从国家发展的角度来看，国家对公共部门的收益格外重视。该重视程度的加深也会产生一些问题，该问题具体是指在收益增长的同时费用也在增长。该问题的产生预示着国家要在重视收益的基础上通过合理的手段控制费用的支出。

在公共部门费用控制方面，国外显然比我国做得好一些。因此我国要吸收国外优秀的控制经验，并且结合自身部门的实际情况进行落实与调整，从而减少该部门的费用支出。

公共组织成本管理包括以下内容。

**1. 综合成本计算**

综合成本计算的意义：有利于完善企业内部的财务结构，也有利于企业内部之间奖惩制度的建立，还有利于加强各部门之间已有的联系，通过不断的交流与沟通可以找到减少成本的方法。

**2. 活动分析和成本趋势分析**

对政府项目和流程进行分析，寻找较低成本的项目和能减少执行特定任务的成本途径。

**3. 目标成本管理**

目标成本管理即恰当地制定和公正地实施支出上限，合理控制业务成本。将成本同绩效管理目标联系起来，实施绩效预算和业绩计量。

## （四）投资管理

公共组织投资主要是指由政府或其他公共组织投资形成资本的活动。公共组织投资包括政府组织投资和非营利组织投资。其中政府的投资项目往往集中在为社会公众服务，非营利的公益性项目如公共基础设施建设等，具有投资金额高、风险大、影响广等特点，非营利组织投资主要指非营利组织的对外投资。

公共组织投资活动的财务管理主要侧重于以下几方面。

（1）对投资项目进行的成本效益分析和风险分析，为公共组织科学决策提供依据。政府投资项目的成本效益分析要综合考虑项目的经济效益和社会效益。

（2）健全相关制度提高资金使用效率。如采用招投标和政府集中采购制度，提高资金使用效率。

（3）建立科学的核算制度，提供清晰完整的投资项目及其收益的财务信息。

## （五）债务管理

公共组织债务是指以公共组织为主体所承担的需要以公共资源偿还的债务。目前，在我国比较突出的公共组织债务是高校在扩建中大量向银行贷款所形成的债务。

有些学者将政府债务管理纳入公共组织财务管理，笔者认为是不妥的。因为大部分的政府债务如债券、借款等是由政府承担的，并未具体到某个行政单位，行政单位的债务主要是一些往来业务形成的且一般数量并不大，所以政府债务应属于财政管理的范畴，行政单位的债务管理属于公共组织财务管理的范畴。

从财务管理角度来看，实施公共组织债务管理的主要内容。

（1）建立财务风险评估体系，合理控制负债规模，降低债务风险。公共组织为解决资金短缺或扩大业务规模，可以选择适度举债。但由于公共组织不以营利为目的，偿债能力有限。因此，需建立财务风险评估体系，根据组织的偿债能力，合理控制负债规模，降低债务风险。

（2）建立偿债准备金制度，避免债务危机。

（3）建立科学的核算制度，全面系统地反映公共组织债务状况。

## （六）资产管理

公共组织资产是公共组织提供公共产品和服务的基本物质保障，然而由于公共组织资产的取得和使用主要靠行政手段，随意性较大。目前，我国公共组织间资产配置不合理、资产使用效率低、资产处置不规范等现象较多。

从财务管理角度来看，实施公共组织资产管理的主要内容如下。

（1）编制资产预算表。公共组织在编制预算的同时应编制资产预算表，说明组织资产存量及使用状况，新增资产的用途、预期效果等，便于预算审核部门全面了解公共组织资产状况，对资产配置做出科学决策。

（2）建立健全资产登记、验收、保管、领用、维护、处置等规章制度，以防资产流失。

（3）建立公共资产共享制度，提高公共资产利用效率。

（4）完善资产核算和信息披露，并全面反映公共组织资产信息。

## （七）绩效管理

建立高效政府、强化公共组织绩效管理是各国公共管理的目标。绩效管理重视公共资金效率，将公共资金投入与办事效果进行比较，促进公共组织来讲究效率，是实现公共组织社会目标、建设廉洁高效公共组织的必要条件。

从公共组织财务管理的角度来看，主要是把绩效管理同预算管理、公共支出管理等内容结合起来。

（1）建立以绩效为基础的预算制度，将绩效与预算拨款挂钩。

（2）建立公共支出绩效评价制度。

（3）在会计报告中增加年度绩效报告。

（4）开展绩效审计，进行有效监督。

# 第三章 财务管理的实践

## 第一节 模具企业的财务管理

从模具企业发展的角度来看,财务管理主要体现在哪些方面?该管理主要体现在对企业资金的有效利用、对企业资金未来的规划,还有对企业成本的有效控制等方面。同时该管理建立的意义在于可以提高模具企业的社会地位。

### 一、模具行业的现状

从国家各类行业的发展角度来看,模具行业发展的状况不是很明朗。因为随着社会科技的不断进步,传统的手工制造已经无法满足现在社会的需要,同时它也已经不符合国家的发展趋势了。

#### (一)模具行业的总体概况

从世界发展的进程来看,国外的模具行业发展效益比我国的发展效益较强。其原因主要在于我国传统的模具行业没有跟上国家创新思想的发展脚步,还有一个原因在于他们本身没有意识到自己存在的问题,在这些原因的基础上,造成了我国模具行业没有取得发展先机的结果。因此在未来的发展进程中,我国模具行业需要做到以下几点才能得到发展。其一,对自身实际情况的认识。只有充分了解自己的不足,才能准确地制定相应的解决措施从而提高自身的生产效率。其二,对传统制造思想的更新。因为社会是不断变化的,人们的思想不能是一成不变的,它需要根据国家的相关政策以及社会的变化而改变。综上所述,模具行业只有做到以上几点才能在激烈的竞争环境中取得一席之地。

随着我国经济的不断发展与进步,模具行业的发展重心已经转移到了我国南部沿海地区。在该地区模具行业的发展过程中,一定会存在激烈的竞争关系。企业要想在这样的竞争环境中脱颖而出,那么就需要具有改革创新的意识,同时该意识要实际落实到模具行业的发展过程中,不能光说不练。

#### (二)模具的定义及特点

定义:模具是工业生产上用以注塑(射)、吹塑、挤出、压铸或锻压成型、冶炼、冲压等方法得到所需产品的各种模子和工具。也就是说，模具是用来制造成形（型）物品的工具，这种工具由各种零件构成，不同的模具是由不同的零件构成的。它主要通过所成型材料物理状态的改变来实现物品外形的加工。模具素有"工业之母"的称号。

在外力作用下使坯料成为有特定形状和尺寸的制件工具。广泛用于冲裁、模锻、冷镦、挤压、粉末冶金件压制、压力铸造，以及工程塑料、橡胶、陶瓷等制品的压塑或注射成型加工中。模具具有特定的轮廓或内腔形状，应用具有刃口的轮廓形状可以使坯料按轮廓线形状发生分离（冲裁）。应用内腔形状可使坯料获得相应的立体形状。模具一般包括动模和定模（或凸模和凹模）两个部分，二者可分可合。分开时取出制件或塑件，合拢时使坯料注入模具型腔成型。模具是精密工具，形状复杂，承受坯料的胀力，对结构强度、刚度、表面硬度、表面粗糙度和加工精度都有较高要求，模具生产的发展水平是机械制造水平的重要标志之一。

特点：①单件生产，制造成本高。模具不能像其他机械那样可作为基本定型的商品随时可以在机电市场上买到，因为每副模具都是针对特定的制件或塑件的规格而生产的，因为制件或塑件的形状、尺寸各异，差距甚大，其模具结构也是大相径庭，所以模具制造不可能形成批量生产，重复加工的可能性很小。②单件制造加工时间长、工序多。但客户对时间的要求要快，因为模具是为产品中的制件或塑件而定制的，所以作为产品，除了质量、价格因素外，很重要的一点就是需要尽快投放市场。③技术性要强。模具的加工工程集中了机械制造中先进技术的部分精华与钳工技术的手工技巧，因此，要求模具工人具有较高的文化技术水平，以适应多工种的要求。

## （三）企业管理落后于技术的进步

企业如果想要在如今的环境中生存和发展，就必须具有最先进的管理意识。该管理意识的建立在于要善于利用科学技术的积极作用。科学技术对于企业的发展来说是一把双刃剑。因此，这就需要企业擦亮双眼根据自身的情况选择适合自己的发展资源，从而提高企业的现代化转型发展。综上所述，在如今的发展中转型发展已经是必然趋势。

数字化信息化水平还比较低。国内多数模具企业数字化信息化基本停留在 CAD/CAM 的应用上，CAE、CAPP 尚未普及，许多企业数据库尚未建立或正在建立；企业标准化生产水平和软件应用水平较低，软件应用的开发跟不上生产需要。

模具标准件生产供应滞后于模具生产的发展。模具行业现有的国家标准和行业标准中，有不少已经落后于生产（有些模具种类至今无国标，不少标准多年未修订）；生产过程的标准化还刚起步不久；大多数企业缺少企标；标准件品种规格少、应用水平低，高品质标准件还主要依靠进口，为高端汽车冲压模具配套的铸件质量问题也不少，这些都影响和制约着模具企业的发展和质量的提高。

综上所述，提升模具企业的管理及财务管理是各模具企业提升竞争力的重要因素。

## 二、模具企业的财务管理目标

从模具企业发展的角度来看，模具企业如果想要得到未来的发展，就需要建立完整的财务管理目标。无论在哪个行业财务管理目标都是它们进行日常经济活动的基础。如果一个企业没有完整的财务目标，那么它也不会具有完整的发展体系，也不会在如今的发展过程中取得崇高的发展地位。这也从侧面反映了企业如果想要做好做强，那么就需要具有最先进、最完整的财务管理目标。综上所述，模具企业如果想要提高自身的社会地位，就需要根据自身的实际发展情况建立符合国家创新要求的财务管理目标。那么该目标主要体现在哪些方面呢？

### （一）企业利润目标最优化

（1）提高效能，降低成本。

（2）提高财务信息化程度，提高接单报价的准确性。模具产品往往是单件产品报价制，通过单件产品的报价，在源头上把控收入的毛利。

（3）提高单个项目的管理，精确项目核算。模具产品从接单到设计、加工、预验收、试制、终验收，周期越长，跟进的难度越大，如果中间再有改模等，项目的周期就更长，故项目管理得好可直接提高公司的利润。

### （二）公司股东回报最优化

（1）股东回报最优化产生的核心条件是良好的财务发展环境。该环境可以为股东提供更多的收益。

（2）适当增加财务杠杆，灵活使用各项债务资金。

### （三）公司价值最大化

增加社会责任，提高研发经费，制造出更多符合社会进步需要的产品，保障企业长远经营，公司实现价值最大化。前述两个目标最终需要服从公司价值最大化的目标。

模具企业目前状况是小而多的，大家都在较低层次竞争，故需要配合业务的发展战略来制定具体的不同阶段的财务管理目标。首先是生存，接下来是发展，再通过资本市场的放大效应进行并购重组，完成产业的整合及发展，最后达到公司价值最大化。

## 三、模具企业的预算管理

全面预算管理是企业全面发展、增强企业综合实力的保障，也是企业发展和投资方向的总体引导，目前，模具制造企业在全面预算上主要存在以下几个问题。首先，预算管理的意识不够全面，由于预算管理的片面性，导致参与预算的部门不能有效地进行预测结果的编制，容易出现部门指标与预算指标不统一的现象，企业管理者无法进行准确的财务分析，不利于实现企业资金的合理分配。其次，在预算编制的制定上，很多企业忽视了当前企业的发展状况，不能有效地分析自身的短板和长处，导致在实现预算目标的过程中不能有效地进行财务控制，使预算管理脱离实际。在制造企业财务管理中，还存在预算机制不明确的现象，不能有效地执行，预算机制的可行性差，过于追求财务指标，忽视了预算的可行性，在实际生产过程中不能根据企业的发展状况进行随时调节，以及偏差的修正。

模具企业预算需结合行业特点及企业自身的情况进行编制，具体有效的预算方法主要分为以下几个步骤。

（1）业务预算。财务部门统一制定相关的表格，可通过IT信息系统或表格化，交由业务部门填制，核心的要素是分月、分客户、分订单编制客户的预算，包括金额、订单的加工时间及完成交付的时间，并且做到跟上年度的结合，主要是订单实现销售等计划。

（2）生产预算。根据业务预算，财务部门统一制定相关的表格，交由生产制定部门根据业务订单计划，编制生产计划，生产计划表核心要素是分月、分订单、分工艺流程进行生产计划预算，模具是单件非标准化生产，故需要按订单分单个模，并把单个模作为项目进行归集。

（3）采购预算。财务部门统一制定相关的表格，交采购部门根据生产计划预算制度采购预算，主要分材料品种及供应商、采购数量及采购金额等内容。

（4）各项费用预算。财务部门统一制定相关的表格，分别交由各部门进行制造费用、管理费用和销售费用的预算，制造费用能直接计入订单或项目的尽量计入项目中进行归集。

（5）各项投资的预算。根据销售及生产计划，公司需要增加的各项资产投资或其他厂房等投资预算，分月投资计划及付款计划等内容。

（6）资金的预算。主要根据销售预算及销售政策，预算现金的收入，再根据生产预算、采购预算和采购政策，做出每次的现金收支情况，再加入需要融入及还款的金额，从而完成财务费用预算。

（7）财务部门或各级独立子公司完成汇总编制，形成公司的年度预算，并向公司进行汇报。如不能达到公司目的，需由上到下进行二次调整，再由下到上进行再一次申报汇总，根据企业的实际情况可能需要进行多次来回。

预算的核心是指导公司业务的开展，提早做好资金规划，确保年度经营目标的完成。

预算的过程跟进，每月结算后需要按每个模具项目同原来的预算进行核对，确保公司经营在预算范围内，并及时修订预算中不合理或预算条件已变化的情况。

预算的考核，通过预算考核可以落实到具体的负责人。

## 四、模具企业的资金管理

模具行业是单件、非标准化的生产，其生产周期相对于其他产品，加工周期长，最终验收时间也长，加工设备价值高，属于资金密集型及技术密集型，这也就决定了其在生产经营过程中需要更多的现金来作为强有力的保障，故多数模具企业需要通过更多的融资渠道来获取资金。然而，就目前金融市场的发展情形来看，制造业企业可融资的渠道越来越少。因此，许多制造业企业目前依靠债务筹资或者银行贷款的方式进行生产经营活动。综合来看，资金的管理就显得尤为重要，管理好公司的收入及支出是管理资金的重点，可从以下四个方面进行管控。

### （一）应收款项的管控，保障公司的资金流入及时可控

（1）建立相关的管理组织，确保每一单款项均能落实到人，从而承担组织保障。

（2）建立完整的客户档案，对客户进行信用评级并进行授信，客户信用等级及信用额度可以通过制定《客户信用管理制度》进行明确相关的规则。

（3）通过授信政策，对销售的过程进行管理，核心合同签订前参与到客户的信用政策中（简单来说是回款的政策）。

（4）对账。每月财务人员需要对所有客户进行一次往来账核对，以确保数据准确，同时也起到了催收的作用。

（5）对于即将逾期的款项应提前跟催，以避免产生逾期；对于已逾期的应注明逾期原因及预计回款时间，若因客户原因产生的逾期款，应根据其逾期天数及逾期金额制订相应的催款计划，采取不同的催收政策进行催收，同时按逾期的严重性来制定相关的催收政策。

（6）对相关的人员建立相应的奖罚机制，确保员工回款的主动性。

### （二）存货的管控

（1）制订完整的生产计划，合理安排用料。

（2）与供应商建立核心供应商关系，做好供货周期的管理，降低备货量。

（3）加强在制品的管控，确保在制品或制件能及时输出。

（4）定期盘点并及时清理不良或呆滞存货。

（5）对供应商的采购支付政策，通过同销售回款做到协同，确保收付相对平衡。

### （三）现款（含银行存款）的管控

（1）与主要的开户银行签订现金管理协议，统一管控各银行及各地账号，所有款项集中归集，使现金得到充分有效的使用。

（2）跟上社会科技的进步，所有结算均采用网上银行或电票，减少或不用现金及纸票进行收支，安全又提高资金的流通效率。

（3）建立银行及现金日报表制度，每天跟进库存资金的情况。

（4）争取做到零现金管理，主要是充分利用各金融机构的授信政策，争取做到法人透支的授信模式，平时账上余额为零，实际可以透支，类似信用卡，通过这个模式，可以将库存资金降到最低，再通过现金管理系统还可以做到各下属机构也能透支，财务部门需要建立相应的透支额度标准。

## （四）融资的管理

企业发展到一定规模的标志是企业融资。该融资的产生有利于加强企业之间的联系，从而有利于企业之间进行发展经验的交流。同时模具行业由于它自身特点的原因需要具备完整的融资体系。

（1）权益资本不能低于35%，也就是控制公司总体的负债率在65%以下，继而确保公司债务融资符合大多数商业银行对制造业的债务率的要求。

（2）两家以上的战略合作银行，3~4家的普通合作银行提供日常债务融资，同时建立1~2家的融资租赁的合作，确保一些重大设备可采用一些中长期的融资。

（3）与投行或金融机构合作，不定期发行一些中长期的债券，从而确保一些中长期的固定债务融资。

（4）根据业务发展规划，做好各项融资计划，使长、中、短结合。

（5）与社会上各类金融机构保持良好的合作关系，及时获取金融市场的信息。

## （五）模具企业的成本管理

模具企业的成本管理可以看作项目的成本管理，因为模具行业的特点是单个项目进行生产，每个产品都不一样，是非标准化的产品。

（1）首先做好模具接单的报价，通过IT系统，固化报标的各项工艺及材料标准，形成报价机制的及时性和准确性，并及时修订有关的标准。

（2）起用项目管理系统（IT化），保障项目能够独立核算，精确计算每个项目的实际成本，并与报价预算进行对比跟进，确保生产过程中的各个流程在预算内，如有变化，及时进行分析，必要时返回修改预算标准。

（3）项目完成后，完成每个项目结算，独立计算项目的收益情况，确保每个项目在公司的可控范围内。

模具企业的财务管理，主要是根据行业的特点，重点做好资金的周转管控，提高融资能力，降低融资成本，管好项目成本，再结合资本的运作，做好产业的并购，完成公司的快速整合及业务的发展。

# 第二节 事业单位财务管理

财务管理属于事业单位内部管理的重要板块，有效的财务管理可以规避财务风险，给事业单位的顺利发展奠定基础。但是，当前事业单位在财务管理环节显露出一些不足，需要我们及时采取相应的措施将其解决。

## 一、事业单位财务管理的作用

### （一）有效协调单位各部门之间的工作

事业单位的内部各个部门间紧密联系，而财务部门在每个部门中都有着决定性作用。因此，事业单位唯有强化内部财务管理，才能有效协调每个部门之间的工作，提高事业单位的工作效率。

### （二）保障单位的资产安全

事业单位获得发展资金的途径是财政拨款，因此，内部财务管理工作做好了，可以使单位的管理行为更加规范，促进单位各个部门工作的顺利开展，保障单位资产的安全，及时规避财务风险，有效遏制贪腐行为，从而使资金发挥最大的作用。

### （三）提高会计信息的准确性

制定完备规范的会计工作系统，并将其高质量地施行，明确分工，发挥各个岗位之间的相互制约和监督功能，呈现准确可靠的会计信息是事业单位内部会计控制的关键步骤，事业单位一旦忽略了内部会计控制，缺乏科学合理的内部会计控制制度，会计信息在传播过程中就容易与实际不符，造成会计信息缺乏准确性。此外，如果单位欠缺对内部会计控制制度的实行力度，就会阻碍有关规章制度发挥整体效能，并且很难获取准确的会计资讯。因此，唯有强化内部财务管理，才能提供可靠准确的会计信息，为单位做出准确的决策。

### （四）促进事业单位的健康发展

事业单位不以获取大额利润为目的，在财产的预算、使用以及审核层面是通过财务部门的计划控制来完成的。科学完备的财务管理体系可以促进事业单位对资金的充分使用和配置，使资金被更为科学地分配，确保我国事业单位多项工作有序开展。

## 二、事业单位财务管理存在的问题

### （一）领导对财务管理体制的重视度不高

如今，很多事业单位领导层的财务管理知识水平有限，对建立系统规范的财务管理体制的重视程度不高。还有些事业单位领导者强调财务管理就是财务的收支或者部门预算控制，认为已经设置部门预算就不用再建立会计内控系统，事业单位会计部门的首要工作是做好有关的付款工作和账簿记录工作，单位资金是由财政统一划拨的，无须财务人员做其他工作。

### （二）内部控制制度不完善

有些事业单位内部管理体制不完备，甚至没有设置专业的财务管理部门。与此同时，财务人员与会计人员职务分配欠缺合理性，出现一人负责很多岗位、岗位交错、岗位责任不清等问题，造成财务管理工作效率偏低，更有甚者会存在投机取巧、营私舞弊等违法违规行为。

### （三）财务管理手段不够先进

如今，仍然有事业单位在实行财务管理环节中遵循以往落后的会计处理方法，这不但限制了内部会计控制效果，降低了控制效率，而且给会计信息的实时共享带来了阻碍，导致内部会计控制的整体效能无法正常发挥。另外，即便有些事业单位顺应时代发展，增加了会计信息软件，但在选择和开发软件功能时仍存在很多不足的地方，加之财务人员业务能力不是很强，很难显现信息软件的功能优点，从而给财务管理的管控信息化造成影响。

### （四）欠缺完备的监督评价机制

如今，仍然有些事业单位没有建立对内部财务管控的监督考评机构，虽然有的事业单位设立了这个机构，但是机构的整体效能有待加强。事业单位内部会计控制监督考评大体包含两方面的内容：一是以财政部门为首的外部监督，二是以内部审计机构为首的内部监督。在外部监督中，财政部门的职责是监督财政资金使用的合法性，单位经济行为的规范性等。但是，在现实中各个部门单独完成任务，忽略了相互之间的合作，没有整体核查被监督单位的内部会计控制制度是不是完备、是不是高效实行。内部审计部门片面地注重会计资讯的准确性，缺乏对内部会计控制制度实效性的关注，给单位的会计事务与经济活动的监督效率造成了不良的影响。

## 三、对事业单位财务管理的建议

### （一）领导层加强对财务管理的重视

事业单位的领导层要改变原来的思想，抛弃以往对单位财务管理的浅显认知，更深层次地领悟科学的财务管理体制对于提高事业单位工作效率、推动事业单位快速发展的重要意义，积极地落实财务管理体制的构建工作。

### （二）构建岗位、职位分离制度

针对不能相容的事务，应当指定不同的人员去处理，以降低假账、坏账出现的概率。与此同时，这种做法还可以使员工在工作中互相制约，防止出现弄虚作假的情况。在财务工作中，要特别注意负责记录和审核的人员同付款人员岗位分离，这三者之间不能存在利益关系。

针对预算内财务工作的日常开支，必须经过各有关部门的签字确认后才可以进行实行，业务结束之后，要带着有关凭据，经部门负责人审核后才可向财务部门申请报账。原始凭证的审查要谨慎并妥善保存，会计人员在登记之前也要查验凭证，确认账目准确真实后才能记录明细账与总账。

### (三) 提高会计人员的专业素养

首先,对事业单位会计工作人员进行必需的思想政治教育,保证全体会计工作人员都具有较高的思想领悟和职业道德素养,严格依照规章制度办事。其次,只要存在与道德标准、规章制度相违背的行为,就要给予必要的惩罚,以此在会计工作人员中形成较强的震慑力,督促其提供真实准确的会计信息。最后,建立完备的激励体制,对于业绩优秀的会计工作人员,要给予其适当的物质奖励或精神奖励,调动其积极性,激发其工作热情,使其从头到尾能够依照会计规章制度及时完成领导分配的工作任务,为内部会计控制的无障碍实行提供坚实的基础。

### (四) 优化事业单位的会计管理制度

从严实行会计制度,提高会计核算质量。强化对各种会计凭据的科学化、正规化管理,保障会计凭据填制清晰、准确、正式;强化对各种单据的管理,仔细审查各种外部单据的可靠性、规范性;改进单据流转程序,实现开票、复查、审核收付款每个岗位的适当分隔,增强会计处理程序的规范性,提高会计核算质量。

### (五) 构建并完善监督评价体系

事业单位唯有构建并完善内部财务管控监督评价体系,才有可能推动内部财务管控制度顺利实行。在外部监督中,财政部门以及政府审计部门要尽量展示自身的权威性,时常监督审查单位内部会计控制制度的实行情况,还要向专门的机构咨询有关内部会计控制制度的建立与实行的宝贵建议,避免内部财务管控制度太过于形式化。在内部监督中,事业单位要秉持正确的理念,最大限度地发挥内部审计应有的作用,在内部财务管控体系中确认内部审计的重要作用。提高内部审计功能的地位,构建独立和科学的内部审计部门,以便实时发现问题并解决问题。全面监控评价内部会计控制的设立、实施整个程序,从严按照相应的规章制度来进行活动,推动内部会计控制制度的高质量实行。唯有把外部审计和内部审计充分联系在一起,形成强大的监督合力,才能促使外部审计与内部审计共同对单位内部会计控制进行系统的监督评价。

通过前文所述可知,财务管理是事业单位内部管理的关键构成部分,科学的财务管理手段对单位的健康顺利发展有着不可估量的作用。因此,事业单位若想提升自身的竞争实力,维持优势地位,必然要适应时代发展,与时俱进,转变领导层原有的思想观念,构建岗位、职位分离制度,不断提高会计人员的专业素养,完善账务管理制度以及监督评价体系,为事业单位内部会计事务的顺利开展提供稳固的基础。

# 第三节 跨境电商的财务管理

随着互联网技术的飞速发展和经济发展的深度全球化,我国的跨境电商产业迅速崛起,2020年,中国跨境电商市场规模已达12.5万亿元,同比增长19.04%。跨境电商产业在传统外贸整体不景气的经济环境下依然强势增长。本节在此背景下,阐述了财务管理对于跨境电商运营的重要意义,并分析了跨境电商企业在财务管理方面面临的问题,如会计核算工作不规范、缺少成熟的跨境电商财务ERP系统,以及跨境电商税务问题等,针对跨境电商财务管理面临的问题提出相应的财务管理提升方案,从而促进跨境电商企业财务管理的不断完善。

## 一、财务管理对于跨境电商运营的重要意义

从世界发展的角度来看,跨境电子商务的产生是世界进步的必然要求。因此对于跨境电子商务来说,它内部的财务管理制度主要体现在哪里?首先,相关财务政策的实践性。众所周知,实践是检验真理的唯一标准,因此跨境电子商务财务管理的准确性需要该财务政策具有实践性。其次,财务相关人员的意识发展。财务人员要始终坚信只有跨境电子商务得到发展,他们的收入水平才会提高。最后,建立完整的财务问题解决措施。该解决措施要从跨境电子商务的实际情况出发,要保障该措施的科学性。综上所述,如果跨境电子商务没有完整的财务管理政策,那么它在国际上也不会有发展地位。

## 二、跨境电商在财务管理上的问题

### (一)会计核算工作缺乏规范性

从会计的发展角度来看,跨境电子商务存在许多问题。这些问题的源泉都是源于跨境电子商务对于会计核算内涵的不正确认知。那么跨境电子商务该如何正确地认识到会计核算的内涵呢?首先,他们要知道会计核算是进行会计管理的基础性条件,同时会计核算的核心思想是通过真实有效的财务数据为企业的发展提供线索。其次,他们要了解会计核算是从哪几个方面进行,并且从这几个方面入手以确保跨境电子商务更准确地把握会计核算的内涵。同时跨境电子商务对会计核算内涵的准确掌握可以增强跨境电子商务的财务管理体系。财务管理体系的增强主要体现在以下几个方面。其一,跨境电子商务内部监管机制更完善。其二,跨境电子商务所需要的综合型人才得到培养。其三,跨境电子商务内部的财务记录体系得到发展。综上所述,完整的会计核算要求对于任何企业来说都是有极大意义的,该意义主要体现在企业内部的财务管理制度上。然而对于跨境电子商务来说主要体现在其内部财务记录的制度上,因为财务的记录可以反映出数据的真实性。

社会的发展是对于人的发展，同理，对于跨境电子商务来说，如果想要提升自身的会计核算能力，那么就需要发展相关人员的思想道德与技术含量。从相关人员的思想道德角度出发，跨境电子商务该如何培养适合会计核算的人？培养的主要措施在于加强相关人员的会计道德素质，即遵守会计道德法律规范。从技术含量的角度出发跨境电子商务该如何培养优秀的人才？其培养措施主要是指要鼓励相关人员积极考取证书，并且要唤起相关人员对于财务知识的学习意识。

### （二）缺乏成熟的跨境电商财务 ERP 系统

跨境电商的产生是社会经济发展的必然要求。但是相对于其他行业来说，跨境电商没有完整的发展体系，同时也不具有相应的软件设施。因此这就需要从不同的主体出发对跨境电商的服务软件进行开发与建立。从国家的角度出发，国家要为跨境电商财务软件的开发提供纸质文件。从各类行业的角度出发，他们不能排挤跨境电商这个新兴的产业，而是应当发挥自己前辈的作用帮助跨境电商建立属于自己的财务软件。综上所述，没有完整的财务软件就不会有成熟的业务产生。

### （三）跨境电商税务问题

随着跨境电商的发展，其自身存在的问题也日渐显露出来。其中最主要的问题是国家对其税务的征收问题。跨境电商的发展模式不同于一般企业的发展模式，一般企业的发展模式具有明确的财务支出与收入，以便于国家对其税务的征收，而跨境电商在这方面明显欠缺，这也就导致了国家无法对其进行准确的税务征收。针对这个问题国家必须做出相应的应对措施，不能因为其本身的性质而不对其征收税务。同时跨境电商也可能存在对税务的错误认知，他们可能认为国家对于税务的征收，会减少他们的收益，这个想法是不正确的。因为国家在对其征收税务的同时，也对其发展具有相应的保护措施。因此跨境电商要改正自己的错误思想，积极向国家纳税。综上所述，跨境电商税务的征收问题主要体现在两方面，一方面是电商本质内涵，另一方面是电商对于税务征收的错误想法。

## 三、跨境电商财务管理提升方案初探

### （一）规范会计核算工作

如何在跨境电商行业中落实会计核算是值得我们思考的问题。在发展的前提并没有得出准确的答案，但是在现在的发展过程中已经存在具体的落实措施。一是跨境电商要严格遵守国家的会计制度。但是由于我国的会计管理制度是随着社会的发展而改变的，因此这就需要跨境电商具有更新的意识，要随时随地跟上国家的发展步伐，并且跨境电商要积极地贯彻与落实国家的相关会计准则，从而提高其内部建设的发展速度。二是跨境电商要学习成功企业的内部财务管理制度。学习他们对于财务报表的编制经验，同时也要学习他们财务记录的方法。因为财务数据真实的来源是依靠实实在在的记录，如果跨境电商没有财务数据的记录，那么就无法判别其财务数据的准确性。三是提高跨境电商财务人员的综合素质，培养有扎实的财务管理知识及实践经验，既懂信息网络技术，又了解国际会计准则与各国税务，熟悉相关法律法规的复合型人才。跨境电商行业的发展间接地对其内部的工作人员提出了更高的要求。因为对于跨境电商来说，它并没有许多成功的案例供人们探讨与研究，其所有经营规律都需要重新摸索。因此，为了减少错误的发生频率，一方面就需要相关的工作人员提高自身内在的知识技能，另一方面企业应加大财务人员继续教育的投入，如加强财务管理人员在电子商务运营模式、现代科学信息技术、国际财务、税务、法规等方面的培训学习，拓展财务人员的视野与专业高度，加强对财务人员及财务管理工作的重视。财务管理工作是跨境电商企业做大做强、实现战略发展目标的重要支持。

### （二）选择合适的跨境电商 ERP 软件

对于跨境电商来说，它的发展需要具有其自身特色的财务软件，并且该软件的核心处理系统必须是最先进的，因为该软件建立的主体是新兴的产业，即跨境电商。同时对于该软件的建立不能局限于国家的看法，而是要综合不同的学者与企业家的意见和建议，从而将他们的看法相结合，根据跨境电商的实际运营情况设计该财务软件。该财务软件区别于传统财务软件的主要原因在于它对于信息的收集与处理是最及时、最准确的。该软件的建立与实施是跨境电商发展的里程碑。同时建立该软件的意义主要体现在哪里？首先体现跨境电商的发展地位上，该财务软件的建立，有利于提高跨境电商的国际地位。其次体现在技术手段的创新上，该软件的建立，预示着跨境电商的科技含量是高于其他企业的。最后体现在数据的收集上，该软件的建立，确保了跨境电商财务数据的科学性。综上所述，适合跨境电商发展的财务软件的建立是国家进步的体现，也是社会发展的必然要求。因此，无论从哪个角度出发，无论体现着何种目的，跨境电商个性的财务软件的建立都是目前最需要完成的大事。

### （三）跨境电商税务问题的解决途径

跨境电商的发展给我国带来了极大的意义。该意义主要体现在两方面：一方面是提高了我国的国际影响力；另一方面，向世界展示了我国现如今企业发展的状况。因此针对该意义，国家对于跨境电商的税收问题应当在合理的范围内放宽政策。例如，对中大型的跨境电商企业增加税收优惠政策。同时从国家的角度出发，国家也建立了相应的法律法规对跨境电商企业税务的优惠问题。综上所述，对于跨境电商合理的税收政策可以间接地提高我国的国际发展地位，也可以将我国的财务管理文化供其他国家欣赏和借鉴。

从跨境电商表面的含义，我们可以知道，这个行业对于我们之前行业发展来说是新产生的。因此对于该行业发展的政策与体系很多都没有经过社会实践的检验，所以这就需要跨境电商在实际的经营活动中根据自身的情况，去适应国家制定的相关政策，从而提高自身的工作效率。

从以上论述中我们可以看出，跨境电商具有无法阻挡的发展趋势。跨境电商的发展已经成为世界更加紧密联系在一起的必然要求，所以各国对于跨境电商行业的发展也就展示了他们在国际中的地位与影响力。对于我国来说，该如何更加准确地促进跨境电商行业的发展。首先在环境上，国家要为跨境电商发展提供良好的经济环境与社会环境。其次在人才培养上，国家要将跨境电商行业的基础知识融入各大高校的学习体系。最后在财务管理体系建设上，跨境电商行业要善于利用会计核算和预算的功能，从而提升自身的财务管理能力。综上所述，我国跨境电商行业的发展与其他行业的发展之间是相互作用的，而不是单独的竞争关系。因此，我国跨境电商行业的地位提升，也可以提升其他行业的国际地位。

## 第四节 高校基建财务管理

在人们生活水平不断提高的同时，社会对教育行业的要求也在不断提高，需要学校为社会提供大量的人才，以及科研人员研发出更多科研技术。基于对人才与科技急需的大背景下，建基财务管理工作逐渐步入高等学校的财务管理任务中，但由于刚开始实施，各类制度还不是很完善，可能出现许多问题，进而阻碍学校在建设过程中的发展，因此要想办法解决。

### 一、高校基建财务管理存在的问题

#### （一）重核算，轻监督

高等院校的具体工作中也存在许多错误的管理问题。例如，许多学校根本没有设立独立的财政管理部门，都是将这部分工作随意交给一个高层人员来代为办理，这就会使账务记录不标准、条例混乱，也没有与之相对应的审计部门来监督，这就会导致学校中可以接触财物的人员造成贪污、私用等不良风气，因为没有专业的人员理财，也没有专门的监管人员来进行监督管理，就会使贪污的人员什么都不惧怕，肆意妄为。贪污的方式主要是对上面拨款修建教学设施的资金虚报，并且在施工时偷工减料，将多出来的钱放进自己的腰包，如果一直放任不管，他们就会越来越贪婪，最后对学校和学生都产生非常恶劣的影响。

#### （二）财务管理制度不健全、执行不到位

由于高等院校是学生从校园步入社会的一个重要的过渡时期，因此国家会对大学校园进行很多的项目投资以及活动建设，这就使高等院校会涉及许多与政府相交接的财务工作。为了将复杂的财务捋顺，学校应该聘请专业的财管人员来对学校里复杂较多的财务任务进行管理，财务是整个院校发展的重要命脉，因此一定要严格对待这一项任务。也要设置相对应的稽查与审计部门，避免财务人员贪污受贿或者私自挪用国家分配的资金。每一个部门负责哪一部分工作，一定要事先说明清楚，等到出现问题的时候找相对应的部门来负责，

明确部门负责的工作就可以使各部门的人员在进行工作时，恪守本分、尽职尽责，不会出现部门交叉时，互相推卸责任找不到负责人的这种混乱现象。学校在制定好各种规章制度之后，一定要实际地落实，不能光在纸上提出而不真正地去实施，只有真正地将所制定的这些措施落实下去，才可以发现哪里有问题，然后针对相对应的问题，提出解决方案，这样有利于学校长远的发展。

### （三）财务管理软件支持效率低

我国当前的科研技术非常先进，教学设施更新换代、教学系统不断优化，就连财务管理都可以实现无人化，学校只需要安装相应的软件，然后将学校的各个项目支出和收入输入进去，就可以计算出具体的账目。但这种机器智能的记账方式存在太多的弊端，它只能完成简单的计算功能，没有办法对具体的细目进行分析和解决，而且将学校的全部财务信息都上传到网络上，也会对学校产生较大的风险。如果想要进行更精准的计算，就需要再继续支付高额的软件费用，想要解决的问题也未必得到解决，所以还是应该雇佣专业的财政人员来管理账目，这才是最安全保险的方式。

## 二、完善高校基建财务管理的对策

### （一）财务人员要积极参与基建全过程，发挥监管作用

财政管理在整个学校的管理工作中是最重要的一个环节，经济是所有工作的基础，只有将基石打好，才可以在上面建起高楼大厦。在学校进行项目研究的过程中，需要主要的人员都参加到会议中来，当然不能少了财政管理人员，因为在项目拨款和招生引资的过程中都需要记录进出账目，除了财务人员还需要有监督人员在场，两者之间是一种对立统一的关系，监管部门监督财务人员恪守本分，做好学校的资金进出，他们两个相互形成一个完成的财政体系。

### （二）完善并严格执行高校基建财务管理制度

高校的基建财务管理制度的完善是保证基建财务管理工作的标准。所以要严格按照相关制度要求，并作为制度制定的依据，在掌握了财管技能之后，将知识与自身的真实状况相结合，做出精准的估计和预算，然后让监督人员进行核实，保证预算中不会出现重大错误，最后提交给公司的董事会审阅，再落实到具体的项目上。在具体工作开展以后，相关负责人要恪守本分，不可出现偷工减料、贪污受贿等行为，一旦发现必须按制度执行惩罚措施。有罚就有赏，如果在工作中，员工能力突出且积极上进，就要按照制度上的奖赏措施来对人员进行奖励，激励人员继续努力，也可以给其他人树立一个良好的榜样。

### （三）升级改造基建财务管理软件，完善高校信息化建设

学校在财务上面的工作很多，没有办法面面俱到，也不可能聘请太多的财管人员，因此适当地使用理财监管软件也不是不可以的。但是要将购买软件的资金做一个预算，不能

超出太多。理财监管软件可以代替财管人员进行一些简单的记账工作，只需要有人在旁边进行监管就可以了，这大大缩小了学校在财管这方面的支出，也减轻了相关人员的工作任务，同时也对学校的财务进行了审计与监督。总的来说，合理使用理财监管软件和相关人员相结合的方式，可以很好地提高工作质量，对学校的全面发展起着积极作用。

总的来说，高校如果想要得到长远较好的发展，就一定要将基础建设财务管理的工作做好。只有将学校的财务体系捋顺清晰，才可以在做什么事情的时候都有一定的数据理论做支撑，让各个部门都独立分开，出现问题的时候才能及时找到相关的部门及人员来把问题解决，将具体的任务分配在每个人的头上，大家就会保持认真、谨慎的工作态度。

## 第五节　民营企业的财务管理

民营企业不是国家的企业，是社会上从事商业的人自己开立的公司，在公司起步前期，需要准备好充足的资金和人员储备，有的公司需要在社会上募集，因此民营经济在财管的职能是非常重要的。近几年，我国的中小微企业发展迅速，国家也鼓励人们自主创业，因此加大了对这类公司的鼓励政策。民营经济为我国的整体经济做出了巨大的贡献，给城市中的人们提供了许多就业岗位和住所，使人们的生活水平得到提高。伴随着公司不断壮大，越来越多的问题也就扑面而来，许多公司因为财管工作不到位，而导致破产和倒闭。

### 一、民营企业加强财务管理的重要性

民企的制度本身就不完善，更应该注重财政这方面的管理工作。一个公司是否可以在这个残忍的市场中生存下来，主要看的就是是否可以为社会创造财富，不断地适应这个瞬息万变的市场，因此财政的管理工作是非常重要的，做好财务监管的工作，会使公司的整体效率和质量都得到提高。财政管理在公司中可以创造很多价值：可以令流动资金更好的运转，将资金发挥到最大、最优的状态，为公司带来财富；专业的财管人员是具有设计公司账目体系的能力的，不仅可以将公司进、出都记录好，还可以合理规划一笔资金从开始到结束应该如何分配、使用；最重要的是财管人员可以精准地计算出一个公司一年的大概支出，这可以为公司提供很好的参考价值。

### 二、民营企业财务管理中存在的问题

#### （一）企业管理存在缺陷

这种企业是非国家性质的，没有经过专业的机构去组织，一般是熟悉的人合伙开的公司，没有聘请专业的管理人员。因此公司内部疏于管理，只追求收益最大化，就会忽视了

很多实质性的问题。比如没有企业文化来熏陶员工，公司内部的结构不合理，部门和部门之间没有明确的界限，缺少财管和审计部门，就会使公司账目混乱，员工之间利益纠葛严重，长此以往会使公司出现大贪小贪的不良风气，最后导致公司流动资金都被掏空，没办法继续运转。

### （二）财务制度不健全

一般的民营企业，都是由认识且熟悉的伙伴聚集在一起合伙开设的，或者是家族企业演变而来，对于独立部门分开管理的观念还没有形成，经常一人在公司内部担任多个角色。会出现这样的现象：领导者也是管理者，执行者也扮演着监督者。每个负责人并没有作明显的区分，这就会导致权力的交叉，使下设部门的工作变得混乱无序。许多公司的最高决策人并不掌握专业的知识与技能，只是因为投入的资金较多，所以占有最多的股份、可以行使最多的表决权，这种方式是非常不利于企业发展的。长此以往，会导致公司内部秩序混乱，资金使用不明，逐渐使公司内部变得腐烂不堪，如果这时管理者再想介入管理，也是非常困难的，最后就会导致企业的破产与消亡。

### （三）缺乏科学性投资

很多企业只是一时心血来潮创建了公司，并没有提前制定完善的体制，这样就会使整个公司都处于一个零散的状态。投资人手里掌握较多的资金，却没有投资方向和专业知识，只是跟着大部分人，什么热门就做什么、大家都做什么什么就是赚钱行业，并没有考虑自己是否适合，是否掌握这方面的技能，只是单纯地去开公司，就会导致公司正式启动之后，内部外部的工作都没做好，造成还没开始就结束的境况。还有一些合伙人一同来进行经营，想做的产品种类小众、未经过市场调查，就会使公司开始之后出现亏损，最后走向倒闭。

### （四）运营资金控制薄弱

一直以来，我们都知道风险是与收益成正比的，如果想要获得等多的收益，就需要公司有承担一定风险的能力。民企的盈余资金一般都不敢去投资基金类产品和股票类产品品，因为这种先进的投资理念，大部分的经营者并不掌握，他们会选择利息相对较少，但风险不大的投资方式来运转自己的资金，但是这样的话，会使公司的流动资金没办法流动起来，也就会使资金的利用率不高，所创造的收益较少。

### （五）利润分配不合理

民企一般呈现出发展快、消亡快的特征，这主要是因为民营企业在开始之前没有做好足够的准备工作，没有经过专业人员的指导和相关知识技能的培训，所以公司领导者对自己要做的产业一知半解，如果公司里的最高领导人都不深入了解自己的产业，一个公司是不会走长远的。再者就是，公司没有聘请专业人员担任专业职位的意识，使部门之间相互交叉，利益分配不均。员工之间拉帮结伙、彼此袒护，使员工工作没有动力，不想着怎样提高工作质量，只想着讨好上级、与关系员工搞好关系，进而会使整个公司内部腐败，阻碍企业进步。

## 三、解决民营企业财务管理问题的对策

### （一）更新管理理念，提高素质

民企缺少先进的技术和人才，这需要公司的高管人员先形成专业的监管意识，然后通过会议和讲座的形式传达给下设的各个部门及每个员工。在一个团体中，要想得到长远的发展，就必须先更新管理层的思维，让管理层的人综合素质提高上来，才能逐渐提高公司整体的素质，因为普通员工一般做的是服从上级布置的任务，一致的行事风格也是按照部门主管来行事的，因此提高管理层的素质是最重要的。

### （二）扩大民营企业的融资规模

目前，我国的民企大多都从一些小型的借贷公司借款，因为门槛低、要求少。民企一般都是规模较小的公司，资产较少、承担风险的能力较弱，因此没办法从公立银行借到资金。为了鼓励民营公司的发展，需要国家发挥自己的职能，对小型公司的借贷降低门槛，让他们也可以花费较少的利息借到自己需要的资金，不断壮大自己的公司，为我国整体的经济创造价值。

### （三）加强财务控制体系，建立财务管理制度

每个公司都要制定自己公司的规章制度，古话说得好："没有规矩，不成方圆。"无论处于怎样的社会团体中，都要制定规矩来约束人的行为。公司制定规章制度不仅是为了公司的整体利益，每个员工的基本权益也可以得到保障，将公司涉及的每一部分内容都在纸上明确地写出来，在真正实施的过程中，不可以架空公司制度，就按照制度上标明的规定来约束员工。每个人都要遵守公司制度，如果发生违反规定或者犯了重大错误的员工，不可以包庇，要按照规定追究其责任。

### （四）增强管账人手的建设，提高管账人员的水平素养

公司如果想要提高全体员工的素质就需要先从高级管理人员抓起，先转变他们的管理观念，然后才对各部门的专业负责人进行培训学习，让他们的专业技能以及综合素养得到提高，才可以在布置具体任务的时候对下设的基础人员进行指导与帮助。例如财务部门在招聘财务部门人员的时候，应该进行严格的筛选，让具备从业资格的人员出示他们的从业证书以及获得过的奖项或者工作经验的证明，保证这些证件的真实性，然后对应聘人员进行面试，确保人员可以担任此项工作再录用，这样就可以提升公司财务部门的专业管理能力。

### （五）加快企业会计电算化建设，提高会计工作效率和质量

会计电算化的发展不仅提高了工作效率，同时也减轻了会计人员的工作量。它可以使

会计工作标准化，从而提高会计工作的质量。企业应结合自身的特点，选择合适的财务软件，同时应制定出电算化控制制度，保证计算机系统能够正常稳定运行。每个职位的工作职员必须有合理的分工和彼此约束。

在快速发展的现代市场中，大大小小的公司层出不穷，但大多呈现出发展较快、消亡较快的现象。如果想要避免自己的公司朝着这个方向发展，就必须重视企业财务管理这一部分，及时找出公司现在所存在的问题，并想出补救方案。

# 第四章　管理会计的主要思考方式

## 第一节　预　测

公司未来的发展并不是个未知数，会计相关人员是可以通过对数据和公司情况的综合分析，来预算出未来的公司财务账目。而预测本身是通过企业以往经营所产生的相关数据为蓝本，相关人员通过相应的方法，进一步地通过预算、会计核算来对事物未来的发展规律、结果的可能性进行推测。

在经济全球化的 21 世纪，网络信息技术迅猛发展，在信息时代的大背景下，各个公司也都在积极地适应这种发展模式。当下的社会，无论你要做什么都离不开网络，公司管理也是一样的，如果想要将公司治理得井井有条，不能故步自封，不去接受新鲜事物，如果这样就注定被时代淘汰。许多公司都在不断地寻找学习理财和管理的新趋势，会计预算在公司中一直是很重要的一个环节，会计人员需要对未来公司需要支出和收入的账目都做出预算，结合当下的社会环境，网络带给我们的是铺天盖地的信息数据，可供我们参考，但是相关人员需要有甄别信息真假的能力，在网络上搜集自己需要的数据，将虚假、无效的数据进行自动过滤，然后通过分析公司自身的情况和搜集整理的数据，对公司未来的发展情况做出预测。

### 一、当前经济预测内容的主要变化

#### （一）预测的内容不再只局限于财务信息方面

账目管理人员对公司未来做的预测并不只局限于财务这一个方面。财务管理虽然在公司中有重要的地位，但不是全部内容。相关人员应该在网络信息上搜集大量的数据资料和对手企业的数据资料相互整合之后，结合公司的具体情况进行精准专业的分析，对公司的各方面都进行一个预测，最后作出预测报告。这个过程是为了让公司可以规避不必要发生的风险，以及在遇到报告中显示有风险时，应该如何应对问题，并提出解决方案。

#### （二）预测的内容不单单只针对短期数据

相关人员如果想得到精准、有效的未来预测报告，就需要扩大自己的调查样本，减少错误数据带来的误差，让公司可以有较明确的奋斗目标。不管是运用什么样的途径去搜集数据资料，都可以通过扩大样本的方式来减少预测误差，相关人员在通过信息化的方式将搜集整理的数据进行分析计算，并且尽可能地考虑各种外部因素所带来的影响，最后综合各方面的信息，对公司的长远发展做出精准预判，为公司提供一定的智力支持。

### （三）扩宽经济预测内容的范围

如果想要让自己的公司可以适应现在飞速发展的信息时代，就必须先将自己公司内部做好管理，然后与外部合作做好沟通。公司只有处理好自身的问题，才会在市场中站稳脚跟，在激烈的市场竞争中，赢得自己的一席之地。想要提升自身的竞争力，就需要对公司各方面进行优化，在人员方面，公司可以聘请专业的理财人员来对公司未来的发展进行一个预测，当相关人员作出报告时，公司就可以按照预计的数据作为参考，规划接下来的工作日常。

#### 1. 对企业竞争对手进行分析

市场之所以具有残酷性，是因为同行业之间会产生竞争，优秀的产业可以存活下来，落后的企业就会被淘汰。如果想要让自己的公司得到更好更快的发展，就必须了解同行业公司之间的发展经营情况是如何的，汲取他人优秀的经验，规避他人在经营问题上所犯的错误，取其精华，去其糟粕。在对自己公司的未来做出合理预测的同时，也应该积极地收集同行业其他公司的信息资料并进行分析，预测分析找到二者之间的差距，提前作出针对性的措施。

#### 2. 对顾客需求进行分析

消费者是服务型公司的主要销售对象。公司以通过向消费者提供服务和售卖产品来获取收益。因此，对消费者做市场调研是很有必要的。及时地对当前的产品类型、价格、质量等按其需求进行调整，实时更新消费者对于市场的需求，可以有助于精准地预测未来经营范围与经营品种，对于企业的定向发展有很好的指导作用。

## 二、经济预测的具体方法

经济的预测是以管理会计提供的数据作为基础来完成的，数据的来源多种多样，会计需要有分辨真假、筛选数据的能力，将数据进行总结分析，最后得出结论。而目前主要采用两种方法来进行数据计算，一种是定量预测方法，另一种是定性预测方法。

### （一）经济预测定量方法的具体应用

该方法下主要是通过在对经济预测对象的相关历史数据进行搜集后，以数学模型的方式来对其未来可能达到的一种数量值进行计算。目前于其内还进行了两种分类，一种是时间序列预测法，另一种是因果关系预测法。在时间序列预测方法下，相关人员会以预测对象随时间变化所产生的有关数据为基础，并以相应的数据运算方法来对未来的结果进行预测；而在因果预测方法下则是以相关影响因素的历史性数据为基础，通过数据模型的建立来对预测对象的未来数值变化进行确定的方法。

## （二）经济预测定性预测方法

在这一方法下相关人员会根据预测对象认识度，了解、掌握程度作为数据分析的基础，进而来对其未来可能发生的状况进行推测的一种方法。随着数字信息化时代的到来，这一方法的应用性被大幅提升，强化了此一方法下经济预测数据的准确性。

企业如果想要在市场中形成一定的竞争力，就需要不断地更新自己的管理制度，并且思考如何提升自己的管理能力，学会运用现代的理财方式来对公司的财务状况进行一个分析与预测，再不断提高自己的预测精准度，进而使公司可以依靠预测报告对公司未来的经营规划有一个指导作用。

# 第二节 决 策

在管理会计中，高层一直被视作投资中心，对企业投资或资产利用的效率（如净资产收益率）和效果（如经济增加值、剩余利润）负责。因此，高层战略实施成果的评价标准首先是投资或资产利用的效率和效果，其评价内容还需包括通过平衡计分卡得出的非财务指标。

管理会计是一个价值创造的信息系统，最终主要服务于两个目标：一是为管理决策提供必要信息；二是为构建战略实施的管理控制系统提供信息支持。

## 一、决策支持

### （一）厘清经营决策中成本的"相关性"

许多公司的管理者并不掌握专业的财务知识，对基本的财务操作也没有实战经验。如果在一个项目中需要计算预算成本，就需要专业的知识，因为管理者在做决策的时候没有办法精准地判断其成本是多少，也就有可能花费过高的价格买到低成本的产品。一件物品的成本并不是指这件物品的标价，而是需要考虑与这个物品所相关的所有因素，然后进行估算，考虑的因素越多，估算的结果就会越接近于真正的价格。因此公司的领导者在做决策的时候，应该向相关人员请教经验，或者聘请相关的财务人员来进行估算，再经分析成本与收益之间的关系，最后做出有利于公司的抉择。经过系统的分析后再做出决策，这样可以帮助公司在控制成本的基础上，获得质量更好、数量更多的产品。

### （二）投资决策突出战略导向

资本性投资项目应该是基于实现公司战略目标而提出的，体现公司的战略发展意图。其投资决策正确不仅直接关系整个公司资源整合配置与发展的基本思路，还直接影响公司的核心能力与市场竞争优势。但在现实中，大量企业在进行投资项目选择时，看重的是项目技术上的先进性和经济上的可行性，在经济评价中，方案的取舍依据的是净现值、内含报酬率等财务指标，忽视了影响项目选择的非财务因素，也就难以从战略的角度进行资源配置。其后果是公司越来越走向非相关多元化，而实践表明，过于多元化是导致多数企业失败的元凶。

各方面条件都差不多的两家企业，如果想要得到更好的发展，就需要对资源和流动资金进行合理的配置。公司在决定自己未来的发展方向时，应多进行市场调研，并针对消费者提出的建议和方法虚心采纳，工作人员要有对市场敏锐的观察力和预知市场在未来一段时间内的大体走向的能力，并且根据市场给出的方向去制定自己的经营目标。在公司需要在重大项目中进行抉择的时候，就需要来对比两个项目之间哪一个是对资源耗损率较低，还可以获得较大效益的项目，进而合理分析资源配置。

## 二、管控系统设计

管理控制是战略实施的工具。企业作为层级组织，通常被区分为高层、中层、基层和现场。与此相适应，战略实施的管理控制系统可以分为高层管理系统、中层管控系统和基层管控系统。每个管控系统运行既要实现自身目标，同时又要符合公司的总体战略目标。

### （一）高层管理控制系统的核心是战略

一个企业的高层人员是整个公司的核心力量和思想领袖，只有提高高层人员的综合素质，提升专业技术能力，才可以让下设的各个部门上行下效，形成优良的企业文化。所以对于企业的高层人员应该进行更加严格的选拔和监管，让他们可以相互监督、相互鼓励、共同进步。

董事会在治理型内部控制中承担着重要职责，通过拟定战略方向、行使决策控制权、对战略绩效进行评价、关注管理层战略行为等方式，以保障战略控制的有效实施。

高层管控系统设计的主要工作包括以下几点。

**1. 战略实施过程监控**

高层经理利用平衡计分卡、战略仪表盘等工具将关键绩效指标报告董事会，使董事会清楚管理层在做什么，以及企业是否处于正确的发展轨道。由此，董事会成员便能专心致志地发挥其特长，把工作重点放在发现"关键问题"上，而不是"在驾驶室里妨碍船长开展日常工作"。

**2. 战略实施业绩评价**

管理会计中，高层一直被视作投资中心，对企业投资或资产利用的效率（如净资产收益率）和效果（如经济增加值、剩余利润）负责。因此，高层战略实施成果的评价标准首先是投资或资产利用的效率和效果，其评价内容还包括通过平衡计分卡得出的非财务指标。换言之，业绩评价除了考虑结果控制指标外，还要考虑过程控制指标、主观业绩评价指标以及社会责任履行情况。

### 3. 高管激励

调动高级管理人员的工作热情是对公司发展非常重要的一个措施。当高级管理人员的热情被调动起来，就会将更多的心力投入到工作中，为公司带来的效益也是非常可观的。可以直接用薪资报酬来激励高管人员提高工作效率，给他们设定一个时期的目标，在规定时间内完成即可获得报酬，如果提前完成，将会获得额外的报酬，但需要注意的是，一定要保质保量。除了直接给员工加薪之外，还可以运用给高管人员进行分股份和年终奖金的方式来激励员工，保证一个长时期的工作质量。适当地调整薪资结构，让大家感受到只有认真完成工作才可以获得更多的收益。

## （二）中层管理控制系统的核心在于协同

### 1. 中层管理控制系统的首要目标是战略协同

一个公司中的高级管理人员占公司的少部分，大部分是处于中层和基层的人员。因此除了关注高层人员的工作状态，其中层与基层人员的工作状态也是不容忽视的。高层管理人员主要的工作是为下面的部门制定大方向的经营范围与经营方向、制定规章制度、发放奖金与报酬，具体的工作需要中层管理人员来实行详细部署。中层管理人员直接接触基层工作人员，可以更好地了解基层的实际情况，并与高层管理人员相交接工作，将高层和基层之间的建议与工作方式进行分析与整合，可以将较好的发展趋势与具体的实际情况相结合，进而有助于公司发展的经营计划。

### 2. 构建以预算为核心的监控系统

公司是由各个不同的部门组成的，每个部门的预算支出都需要进行一个整合。只有将各个部门的组成部分整理在一起，计算出整个公司的全部预算，才可以让公司看到长远的发展状况，各部门就可以按照全部预算中所占的比重各自发展。在制定预算的同时，也要设立相对应的监管机构，让财务与监管两个部分相互促进、共同进步。

### 3. 建立基于目标一致性的业绩评价系统

如果想要激发员工的工作积极性，就需要制定让员工心动的报酬绩效表。根据全面预算的预算结果，可以借鉴其中的数据，然后制定合适的报酬绩效表，让员工有动力去工作。需要注意的是，一定要将报酬表进行详细的标注，比如可以制定每个部门的集体目标以及落实到个人身上的个人目标，将公司的整体利益与每一个人的切身利益连接在一起，将报酬控制在全面预算的范围内。如果超出了所制定的报酬表的预算，那么要及时进行纠正，保证继续顺利地进行。中层管理人员的工作既烦琐又复杂，因此在对公司全部员工进行劳动报酬预算的时候，还应该对中层管理者除财务指标之外，确定其他指标，比如根据中层管理人员的主观表现来为他发放绩效。

## （三）基层管理控制系统的核心在于效率

一家公司的成员中，基层人员是占大部分的。管理会计一直把基层称为成本中心，也就是说，基层人员需要对公司的成本负主要责任，为公司带来多少利益，也就决定了自己可以获得多少薪资报酬。公司的这种管理制度，就是将个人的利益与公司利益挂钩，也就是说，如果员工可以将成本控制得很低，所获得的薪资报酬就会相应地提升。基层管理控制系统正是以成本责任中心为基础构建的管控机制，主要包括以下两个方面。

**1. 构建基层考核指标**

在对基层员工进行管理与控制的时候，主要监管的是员工们对于成本的控制，看员工是否可以将成本控制得很低，质量做得很好，效率也有所提高，如果这三个方面都可以做得很好的话，那么这个员工就通过了基层管理的考核。如果在这基础上，可以使时间与效率也得到相应的提高，那么就会获得考核中最好的成绩，也可以获得相对较高的报酬。效率可以利用生产率指标加以计量。

**2. 建立业绩报告制度**

业绩报告是对各作业中心的作业执行情况的系统概括和总结，有助于控制和调节基层单位的业务活动，保证企业作业目标的实现。基层业绩报告有以下四种形式。

（1）基于标准成本法。它主要反映成本中心直接材料、直接人工、变动制造费用和固定制造费用的标准发生额、实际发生额、实际成本与标准成本的差异额和差异率，并通过差异分析明确差异原因和责任。

（2）基于作业成本。将成本中心实际作业成本与预算成本进行比较，反映成本动因变化、效率变化、资源成本变化引起的差异，同时也可以通过编制增值和非增值成本报告，评价作业管理的有效性。

（3）基于平衡计分卡。除反映责任成本指标的完成情况之外，还反映了客户、内部流程、学习与成长等非财务指标的执行结果。

（4）基于操作仪表盘。操作仪表盘可以按秒、分钟、小时来捕捉并显示业务进程，帮助基层经理和一线员工监控并优化操作流程；可以用诊断性度量指标衡量进行中的流程，诊断性指标实际值显著超出预期标准可以按秒、分钟、小时来捕捉并显示业务进程，帮助基层经理和一线员工监控并优化操作流程；可以用诊断性度量指标衡量进行中的流程，诊断性指标实际值显著超出预期标准时，系统就会发出预警。

# 第三节 预　算

## 一、管理会计在预算管理中的应用现状

管理会计（Management Accounting）起源于传统会计领域，其生成时间远短于财务会计，却在生成之初就成为能够辅助企业管理、帮助企业提高经营利润的会计分支。管理会

计起源于 20 世纪初，在第一次世界大战期间被美国企业首先推行，但并未被企业和会计行业内部重视；直到第二次世界大战结束后，国内和国际市场竞争加剧，企业受到市场需求的刺激，不得不通过提高产品质量、降低产品成本、提高生产效率来扩大企业的经营利润，管理会计才得到进一步的重视，被正式命名与财务会计进行区分。随着改革开放的深入，我国国内市场竞争激烈程度不断加剧，管理会计逐渐成为企业生存和发展的重要途径，可以帮助企业更科学、合理地使用资金和资产。因此，自 2013 年起，我国开始大力推行管理会计，且于 2014 年由我国财务部正式发布有关推进管理会计的《指导意见》。

## 二、管理会计在预算管理中应用存在的问题

### （一）管理会计存在局限

管理会计的起源在西方发达国家，更适合西方国家的经济形势，我国虽然自 2014 年后开始大力推行管理会计，但我国更多的是选用成熟的西方研究成果和管理会计实例，并未通过研究形成符合我国经济形势的管理会计体系。管理会计在我国应用的局限体现在它在定量分析方面的不完整，这使管理会计虽然有财政部大力推行，但想要适合于我国企业使用还需要一定的优化和调整。我国市场经济十分具有中国特色，国家政策的倾向对企业的发展十分重要，与政策倾向和市场风向变化对企业的影响相比，管理会计的能量相对较小，还需要进一步地发展才能正式在企业发展中占据主动。

### （二）管理会计的推动需要占用部分资源

管理会计属于企业内部控制的组成部分，主要负责辅助企业进行经营管理，致力于帮助企业提高经营利润，内部控制的实现不可避免地会占用企业经营岗位、人力引进计划、固定资产和资金使用预算。在大型企业中，经营者想要在已经成型的管理体系中加入管理会计将受到较大阻力，阻力更多源于管理体系，在中小型企业中实现管理会计的阻力更多来自企业所有人，因为在实施初期必然会占用企业生产经营的部分资源，这使管理会计的推定和落地有一定的阻力，比较被动。

### （三）财务人员的素质影响

制度、政策、决策的落地和执行需要人，管理会计的推行和使用同样需要财务人员的配合，这使财务部在推行管理会计的过程中，对从事财务管理工作的工作人员提出了无形的、更高的要求。然而，我国当前从事财务管理工作的人员持证率远低于合理水平，对管理会计内容、特点有所了解和认识的财务管理人员数量更少，对企业经营发展认识不足，这使得财务人员本身被局限在财务会计工作中，无法影响企业管理层的决策，同时也无法影响企业经营管理的决策，这在很大程度上限制了管理会计的推行和应用。

## 三、优化管理会计在预算管理中应用的措施

### （一）正确认识管理会计

企业发展过程中需要正确认识管理会计，正确认识管理会计的内涵、特点，正确认识并处理管理会计与预算管理、企业内部控制之间的关系，企业的财务管理部门需要从管理会计的角度出发，正确把握财务与企业经营管理之间的协调。一方面，避免因企业经营管理过程中追求效益导致财务风险爆发；另一方面，避免财务风险的限制导致的企业经营管理的受限，而是要让财务预算管理会计逐渐融入企业的运营，巧妙地利用预算的管理和实施使企业发展更加科学、规范、合理，并且降低企业的财务风险。

### （二）完善预算管理会计制度

#### 1. 科学完善制度

企业在进行财务预算时必须深入剖析企业自身的实际需求和管理会计的特点，贯彻财务部推行的管理会计《指导意见》，为企业建立完整的、多层次的、具体化的财务管理会计制度；企业财务管理部门在运行和执行管理会计制度的过程中需要在遵守国家规定、法律的同时，遵守企业内部制定的管理会计制度，使管理会计能够与企业经营管理相融合，使财务预算管理能够为企业的经营管理提供辅助力量；完善的管理会计制度需要准确落实在各工作岗位之上，对企业经营管理和财务管理的各个方向进行细致规定，完善企业在资金使用、资产管理、风险控制、责任划分等多个方面的细节，搭配企业绩效考核制度进行落实和执行，使企业内部管理得到切实的施用，为企业生存和发展发挥出应有的力量。

#### 2. 财政预算一体化

企业想要推行管理会计，就必须实现财政预算一体化。传统企业财务管理工作中对预算的管理分为"收入""支出""管理"，在管理会计推行过程中，企业需要完成对预算管理的重新规范，根据管理会计的要求重新制定预算制度和标准，将预算管理的范畴扩大并细化。预算管理的范畴扩大是指财务预算管理需要参与企业经营全过程的管理，参与对企业生产经营的全程监督，以便及时地解决企业经营管理中出现的各类资金问题；预算管理的细化是指财务管理部门将企业经营过程中可能出现的资金支出、收入问题进行细致划分。例如，预算支出要从人力资源支出细化为基本薪资支出、培训支出、五险一金基数调整额外支出、编制扩充支出，以便于财务管理部门对企业部门动态进行监督管理，将企业预算支出控制在一定范围内，辅助企业内部财务控制的施行。

### （三）注重财务风险防范

在企业经营过程中必须高度重视对财务风险的防范，避免在资金流动过程中出现资金链断裂等威胁企业生存的情况。因此，企业财务管理部门必须明确企业经营过程中的薄弱环节，通过预算管理与经营管理的配合对薄弱环节进行覆盖，最大限度地避免资金大量外

流、企业账目存在大量应收账款情况的出现；进行企业闲置资金投资时也需要兼顾收益和企业可承受风险，万不可为了追求利益而让企业财务出现新的风险，还要通过严格的审核控制投资项目的组合合理性，避免财务管理人员以伤害企业利益的方式获取私利。企业应当坚持现代化财务建设，应用成熟的财务管理系统辅助财务人员工作，一旦出现财务风险可以及时提醒，避免人为失误导致企业经营管理受阻；企业应当坚持预算编制，针对部门经营过程中的超支情况进行严格审查，对于不必要的支出部分进行阻止，对于必要的支出部分予以支持，并及时采取措施，因为财务管理中的预算编制需要维护和坚持，但不可因坚持预算编制就阻止企业经营发展或坐视威胁企业生存的风险发生。

### （四）财务人才培养

财务人才是企业推行管理会计、预算管理的重要基础，因此，企业必须重视对财务人才的引入和培养。结合西方发达国家的发展过程和结果，笔者建议企业在发展不同阶段采取不同的人才培养方式。首先在企业发展初期，可以采用持证上岗与岗内培养相结合的方式为企业打造财务人才梯队，为企业发展提供人才助力；企业发展到一定程度后，有实力也有条件进行人才定向培养时，可以采用校企合作的方式，寻找合适的、有实力的高校或职业院校进行人才定向培养，用市场需求引导学校增设管理会计专业课程，企业原有的岗内培养既可以转移一部分课程与学校专业课程合并，为企业节省一部分的培训支出，又可以培养出企业需要的财务管理人员，为企业未来发展提供人才助力。

在内部控制成为决定企业生存和发展重要因素的当今社会，企业预算管理迎来了全新的发展空间，在管理会计的视角下，防范财政风险、完善资金预算管理、科学计算资金利用效率成为决定企业进步和发展的重要因素，我国企业必须重视管理会计和预算管理的应用，为企业内部管理提供坚强的资金辅助。

## 第四节 控 制

管理会计是近几年才在我国的公司中流行起来的，大家都处在探索和研究的阶段，对于它的认识还具有一定的局限性，在运用中还会遇到很多困难，因此政府要向公司普及管理会计的相关知识，让这种有助于公司发展的新概念，在每个公司都可以得以实施。学好这项技能就可以在公司运作上减少成本的投入，创造可观的收益，使公司终身受益。

### 一、管理会计的控制理论与方法的现状

#### （一）管理会计的演进历程及相关研究

我国现在学习的管理会计是从外国流传进来的先进经营理念，国外很多国家早在20世纪就已经发现一个公司中财务管理的重要性。在那时候的国外公司，许多经营者发现随

着公司越来越大，账务的工作越来越繁重，经营者还有其他工作要做，整天会忙得焦头烂额，所以经营者想到了一个办法，雇用专门学习这方面的人才来做管理财务的工作，逐渐使公司的账目变得井井有条。会计等人可以为公司的发展进行资金预算，还可以降低原材料的成本，为公司带来很多收益，因此需要逐渐深入地对会计这类专业人才进行培养，让他们进一步学习财管知识，不断提升专业能力。

在公司的会计人员进行学习的过程中，每个阶段关注的学习重点也不相同，但是无论学习什么新的技能，目的都是服务于公司的发展。在刚开始的时候公司关注的是如何用较少的资金获得较多的原料，也就是要求会计可以降低产品的投入成本，然后来进行预算，所以那个时期的主要的日程工作除了记账就是想办法控制成本。后来各家公司发展逐渐扩张，市场的竞争也越来越激烈，这时候要求相关人员的综合能力要很强，不仅需要掌握基础的技能，还需要对公司随时出现的项目做出具体的资金估算和技术分析。会计从一开始的记账工作逐渐转化为复合型工作，除了操作财政方面的工作外，还可以在重大项目中提出自己的意见，然后参与决策。

### （二）管理会计的应用现状

目前我国的企业越来越多，且各个行业都已涉及，经济在不断得到发展，但是在管理会计这方面还是没有办法灵活地运用，在使用的过程中还是有许多困难没有办法解决，公司在这方面也没有明确的管理制度和保障体系。没有相应的会计准则可以与之相匹配，使其在理论和实践中无法达到理想的效果。因此我们还需要不断地学习，争取可以熟练掌握先进知识，并且在原来的基础上结合我国企业的具体情况，找到最适合我国公司发展的体系制度，来指导我们企业的发展。

## 二、管理会计的控制理论与方法中存在的问题

### （一）控制理论与实际存在出入

管理会计在进行成本预测时，会把现实因素和虚拟因素糅合进行分析，这可能就会导致最后结果的真实性受到影响，没有办法去指导实际生活中的具体操作，在目前的会计假设中，存在与现实情况不相符的现象。面对不断变换的市场经济环境，需要对会计领域中一些暂时无法验证的情况进行合理预测，这种预测并不是没有根据的，而是要具有很强的逻辑性的判断。但是，人的思维能力毕竟有限，无法十分准确地预知市场和企业的各种变化，这就使管理会计中的会计假设与企业的实际经营状况存在很大出入。

### （二）管理会计方法的操作性较低

财务的工作需要有严密的计算和灵活的思维，在搜集资料时，要对大量的资料进行总结和整合，需要具备筛选有用数据和严谨分析的能力，在管理会计的过程中，对数据的精准度有很高的要求，并且需要对数据进行判断，将虚假的数据资料进行剔除，留下有用的数据再进行计算、估算，为了提高最后结果的精准度就需要加入一些几何算法，将二维的

问题，通过三维的方式来解决，这样可以更大幅度地提高工作的可行性，但同时也加大了技术人员们的工作难度，使实践过程中需要操作的部分变得更加复杂，加大了管理会计的工作的操作难度。

### （三）与企业和市场需求不符

会计这门学科的专业性是很高的，需要学习很多的专业知识，但是在现实生活中的应用性不强，有些知识过于理想化，只能在假设的过程中用到，无法去解决具体的实际问题。但是在处理公司遇到的困难时，光是纸上谈兵是远远不够用的，一定要将专业知识和生活实际相结合。因为其具有非适用性，所以许多公司不重视这方面的工作，也认为投入的成本大于它可以带来的收益，这种管理方式并不适用。人们只看到了它的弊端，没有在它的身上借鉴有用的地方。

### （四）管理会计的应用情况不力

政府缺少对管理会计这个理念的宣传，很多公司不了解这种管理方式，如果可以加大政府和一些国企的宣传，并对各公司高级人员进行学习培训，让公司内的各个首脑人物逐渐形成学习管理会计的先进思想。管理会计得不到实施的原因是公司内的理财员工的专业性不强，只能做一些简单的财管工作，对管理会计的工作不是很精通，甚至完全不会，他们对于这种先进的管理任务的操作流程，还没有办法学会，工作任务还停留在打算盘、纸笔记账的时期，没有办法将财务知识和电脑系统相结合来提高自己的工作效率。

## 三、强化管理会计控制理论与方法的对策

### （一）加强控制理论研究与实际的契合性

需要提高数据资料的严密性，无论是在搜集资料还是在计算数据的时候，都需要操作人员可以投入较大的心力，并且不断地提升自己的专业技能，紧跟时代步伐地改进方案，实时发现社会发展中的变化，运用较新、较好的办法去进行自己的工作，将自己的技术结合实际情况去解决公司中的各种问题。

### （二）提高管理会计方法的可操作性

如果想要财务人员的水平得到提高，只是去不断地学习知识还远远不够，还需要不断地去实践，在实践中验证自己的技巧是否具有可行性，在实验中反复地积累实战经验，员工不断提升自身的能力。公司不断更新制度规则，将整体与个体的水平都得到提高。

### （三）满足企业及市场发展需要

想要让理论适用于实践，就需要去了解现实生活中的具体问题，不断地在生活中实践，找到理论和生活之间的密切联系，再根据生活中的具体需求去灵活地应用理论知识。市场调研就是个很好的方法，在调查过程中，可以切实地体会到真实的问题就在我们身边，在对消费者和经营者进行询问时，可以使最后的结论具有一定的指导意义和可参考性。

### （四）提高管理会计在企业应用中的适用性

只有不断地拓宽管理会计适用的范围，并提高它的现实真实性，才可以让更多的公司愿意接受它。在刚开始的阶段，需要管理者和决策者为普通人员提供引导，给大家普及管理的用处和会给个人和公司带来的利益关系，为管理会计的起步发展渲染积极的氛围，让更多的财管知识被更多的人知道和了解。

# 第五节　评　价

我国的公司种类越来越多，并且都朝着全方面的方向去发展，但伴随着公司的快速发展，许多问题也随之而来。管理会计是近几年在我国各公司开始出现雏形的，可以说是应时代要求自然而然产生的，它的出现是为了帮助账目繁多的公司可以缩短时间、提高效率的一种新式管理方法。但是由于它自身的难操作性和不适用性，再加上不符合市场上出现的大部分实际问题，因此被很多公司忽视，不被重用。本章节就它与绩效评价这两方面来进行分析。

## 一、管理会计与绩效评价概述

### （一）管理会计概述

管理会计这个职位的工作人员主要是负责对数据进行分析计算，需要工作人员自己搜集资料，记录自己整理出来的数据，然后利用自己学过的财管知识与公司本身的实际情况相结合，提出自己的合理建议，与公司其他高管人员一起商议制订工作计划；还需要去市场上调研实时情况和对手公司的基本情况，加上对公司现状进行自己的科学预算，推断出公司未来的发展状况，并做好风险预警，让公司可以提前做好风险的预防和规避。

### （二）绩效评价概述

将公司与员工连接起来的桥梁就是工资，员工通过为经营者工作，从而赚取薪资，薪资的评价依据是绩效。绩效的出现，意味着每个人之间是存在差别的，能力强的人可以在基本薪资的基础上，额外获得报酬，但是工作能力一般的员工就会没有奖励，甚至受到惩罚。这种制度的形成，使员工可以认真工作，激起员工的工作热情。但是具体的制度是如何的，采取什么来作为考评的依据就需要具体来制定规则。

## 二、管理会计中应用绩效评价的必要性

### （一）提升管理会计应用效果的需要

我国的公司近几年才对分析报告会计有初步的认识，在人们的认知中，会计需要做的

工作是记账，分析各方面的工作是属于分析师的工作，对于风险预测是首席风控师的工作，但其实掌握管理会计的人才，可以将这三类工作整合起来，一同来做。但是这种新式概念在我们的公司中出现得并不多，主要原因是大家对此缺乏正确的认知和理解，有的甚至没听说过，人们对于不了解的事物，往往抱着怀疑不信任的心理，不愿意去尝试。我国的公司很少有将这一概念真正地落实到工作中，为了提高这一概念的知名度，政府可以采取宣传和补贴政策，让越来越多的公司接触这一概念，既然是对公司发展有用的东西，如果让公司使用过，公司就会愿意去自己探索，慢慢地将会在我国的公司中普及。

### （二）提高企业决策正确性

如果想要在激烈争斗的市场中存活下来，就必须与时俱进地更新自己的经营理念和操作方式。不能故步自封，要积极地投入市场，应市场的变化而变化，不断朝着适合市场发展大趋势去发展。就当下的社会来说，现在处于一个经济快速发展，网络信息不断更新的时代，如果要适应这种环境，就需要决策者及时捕捉到有用信息，抓住发展机会，果断地做出正确决定，决策者决定的发展方向将会影响整个公司的发展，因此要让一个各方面都很优秀的人来担任这个职位，这个人需要有专业的知识、丰富的操作经验，对于未来有自己的预见性和前瞻性，而管理会计这类人才恰好就掌握这些技能，因此一个公司的管理会计是多么重要的存在，它的到来可以为公司创造无限的收益。对于这方面人才的把控，绩效评价就显得尤为重要，需要对这部分员工的薪资报酬设置在合理的区间，让他们产生对工作的责任心和自信心，不断地对他们进行培养，他们的能力可以得到更好的提升。

## 三、管理会计应用中绩效评价系统建设的完善措施

从目前所了解的实际情况来看，现阶段的管理会计在应用中还面临着很多难题和困境，这主要是受公司的整体氛围和高级管理层次的管理的影响，使这类人员发挥不了本应该发挥的作用。在分析报告会计不受重视的状态下，将奖赏制度编制到公司管理制度中去，用有奖有罚的方式来鼓励员工认真工作。因此提出以下几点解决对策。

### （一）评价指标要进一步完善

要想保证绩效评价在管理会计中能够充分地发挥预期的理想作用，前提就是科学地引入评价指标，笔者认为，评价指标应该由两部分构成。

在给公司员工制定薪资表的时候，要综合多方面的评价做出合理的分配。由于财政人员一直接触的是关于财政方面的知识，习惯运用财政的思维去思考问题，与工作有直接联系的就是工资，因此财政人员会针对薪酬这方面格外注意。专业人员会针对自身的制定标准结合公司的具体情况来制定各种制度表。其中包含财务的损益表、现金流量表以及资产负债表等。但是，从实际的应用效果来看，存有很大的缺陷，尤其是不够准确、不够客观、也不够全面，所能够展现出来的仅仅局限于企业的经营成果，对未来的发展无法产生科学的评价作用。还有一点就是评价指标相对单一，对于企业会计人员的业绩和综合能力也无

法进行准确的反映和评价。

目前大部分的公司都运用统一的评价标准，虽然现行的制度适合大多数公司，但是不同的公司之间存在着差异，要想制定适合自己公司的标准，就需要结合自身的实际情况，更新优化大家都在使用的制度。笔者建议加入"价值增值"这个全新的指标，主要因为：这个指标可以根据对市场进行调研的方式，不需要长期地观察就可以得到有用的信息；另外，财管人员可以通过学习这个指标相关联的知识与实际情况相结合，运用自己专业的计算和分析能力，得到一份未来发展的预测报告，报告中会说明做出这个预测的依据，并阐述清楚在这之后可能产生的风险，并提出相对应的解决方案。

这个指标不属于财务指标中的内容，但是运用这个指标来解决财政问题，主要是因为公司的未来发展就是看一个公司可以为社会带来怎样的价值。还有一些其他指标也可以对公司发展产生一定的借鉴作用，公司需要自己把握好需要用到和适合自己的指标，然后将这些结合，最后得到一个合理的评价标准。

### （二）制定科学的评价制度

制定再完美的制度都是有适用期限的，最好的制度就是根据实际情况实时地优化自己的制度，运用现在社会所适用的方式、最先进的技术和人才来作为公司的智囊团队，设计出标准。如果想要知道制度的具体实施会怎样，就需要采用多种方式去验证，并积极询问其他人的建议，不断优化。

工作中需要不断地反思和优化自己的思想，员工在工作时，需要时不时地对自己一段时间的表现做一个评价，评价的主要内容就是是否达成了自己制订的计划、是否比上一次评价中的缺点有所进步、自己的专业知识和技能是否有所提升等，在不断的自我检讨中，可以对自己认识清楚、不断改掉自己的缺点、提高自己的业务水平。员工之间的互评也可以很好地提升个人能力，员工之间就一段时间工作状态相互评价，这样可以使团队之间交流更加密切，互相弥补缺点，使团队之间的合作越来越默契，利于整体的发展。

### （三）采取合适的激励制度

要想让绩效评价在分析报告会计中真正地发挥有效作用，就需要有奖赏制度与之相呼应。为此笔者建议，对工作人员的工作状态进行监管，保证工作人员认真工作，并对他们实行奖赏制度，奖赏制度的具体内容可以询问工作人员的诉求，并结合现实情况做出决定，一般是通过升职和加薪这两种方式来提高工作人员的工作热情。

综上所述，绩效可以让工作人员提高工作积极性，也可以提高公司整体的发展水平。但是需要注意的是，要想在实际应用中发挥较好的作用，就需要财务人员在制定前先考虑好适用范围，再结合自己公司的实际情况，制定有针对性的绩效评估。当准备工作做好之后，需要在落实的过程中不断优化、更新，考虑员工的切身利益，最后制定出适合员工和公司发展的奖赏制度。

# 第五章　会计学的基本理论

## 第一节　会计学若干理论问题

　　任何一门科学的建立，都有其独特的理论体系，不然就不能称其为科学。会计学亦是如此。其通过对各种财务活动、财务报表等整理、分类与分析，为相关单位的经济发展战略的制定提供了较为详细的参考数据，这些都基于它本身较为系统的理论体系。不过也应看到，会计学在开始建立时，其自身的理论体系并没有十分严密和完整，它是在之后的生产发展中日趋完整起来的。本节仅就会计学的几个基本理论问题做探讨。

　　现代社会的发展速度飞快，先进技术层出不穷，也有更多多样化的公司应运而生，同时对会计的专业性和能力都有较为严格的要求，如果想要从事财务相关的工作，首先需要先学习相关专业并考取资格证书，才可以有被选择的资格。因此需要从业人员不断学习探索，为公司和社会创造财富。

### 一、概念问题

　　每门科学都应有自己特定的概念，以区分与其他科学的不同。但是对于会计这一门科学来讲，它是没有自己固定的含义的。每个人对于会计的理解与说法都不相同，大体可以总结为以下几类：①工具类。这种理解方式大概说的就是会计在计算的过程中会运用到自己专业相关的知识，以及会计专业的计算方法，来计算公司中的各种表格，并将最后计算的结果相加求出总和。②方法类。其主要是运用货币交易的经济交往方式来对具体的账目进行计算，并指导公司的具体项目。③综合类。这种方式主要是将工具类与方法类的认知结合在一起。这类学者认为，具有工具类的特征又具有方法类的特征，于是称为综合类。④管理类。这种方式的提出晚于前面的三类，主要是在近现代时期才总结出来的，主要讲的是会计分析报告类的活动。

　　上述列举的这几类是最具代表性的，除了这几类对于会计的基础认知之外，还存在许多对于会计的定义，在此就不一一讲解了。笔者认为，我们对会计所做的定义不是固定的，而是在不同时期，根据它所发挥的不同作用来做一个区分。如果仔细琢磨对于会计概念的各种区分，就会发现会计的发展史，其实是一个从简单的雏形逐步进入精良的一个系统，会计是在始终不断地发生变化、不断优化自身结构。据文字记载，早在周朝时期，国家机器就已经专设管理全国钱粮会计的官吏，产生了所谓"大宰""司会"等称谓。《十三经注疏——周礼天官篇注疏》也明确指出："司会主天下之大计，计官之长，以参互考日成，以月要考月成，以岁会考岁成之事。"所以早在古代周朝的时候就已经出现会计一词，在当时所表示的意思，只是单纯的算术，后来随着中国社会的不断发展与进步，才将会计一词衍生出更多的意思。再后来随着社会进一步发展，会计也被演变成监控、预测、选择等含义。等到了现代社会中，它成为以货币作为主要的计量单位来对生产过程中的资金运动进行监管的一门科学。

## 二、对象问题

会计作为一种社会活动，它主要针对的目标是利用财务人员来为公司整体指引正确的努力方向。如果要问会计的主要研究对象是什么，那么是没有固定说法的，但总结起来也不过分为以下几类：①运动论。持有这种观点的学者强调，会计主要是针对社会经济发展中的资金的流动问题进行研究，因而其主要研究对象是社会再生产过程中的资金运动问题。②经济活动论。这种观点主要是以货币为计量单位，然后应用会计的相关知识，指导相关人员在从事工作的过程中，会为公司产生巨大的收益。因而其主要研究对象是行政单位在社会主义再生产过程中能够用货币表现的经济活动。③信息论。认为相关人员利用会计的这种活动方式对公司进入和支出的账目进行一个明细的记录，记录下来的这些进出账目代表着一个企业的数据信息。

综合以上学者观念和笔者自己的想法可以总结出，在不同历史背景下，其研究对象也是没有办法确定的。它的研究对象是会随着社会的发展以及一系列的经济活动而发生改变，没有办法形成一个固定完整的定义，对研究对象的研究，上文的经济信息论提到会计的定义，也是主要以货币为计量单位来进行的贸易活动。但是在原始时期，人们并没有货币的这个概念，因此那时候会计的含义是可以对采摘和狩猎获得的食物的能力；而非货币社会进一步发展的正是时候，人类有了简单的智慧，可以通过系绳的方式来记录自己的劳作成果，因此那时候的会计所代表的是使用价值；当进入古时代的封建社会时期已经出现商品交换这一时期，会计的研究对象就变成了商贸活动；时至今日我国社会主义得到较好的发展，经济也飞快地提升，对于会计也就没有了一个确定性的概念，而是在不同经济活动中的会计研究对象都是不相同的；外国一些资本主义国家也存在会计这一概念，并且出现的时间更早，发展得更成熟，资本主义国家主要讲的是私有制，因此他们对于会计的研究对象是资本运动。相反地，在社会主义社会中，生产资料实现了公有制，生产目的是最大限度地满足人民日益增长的物质文化生活的需求，这时投入到生产中的价值，就不再是资本，而是资金。因此，社会主义会计的研究对象就是资金运动。

## 三、属性问题

20世纪后半叶，国际上许多先进的欧洲国家将会计与环境这两方面交叉形成一门新的学科。其主要的内容是从会计的角度来分析环境污染、环境绿化等问题，针对环境提出了一系列会计属性问题，这个话题一经提出就受到了全球许多国家的关注，一时间成为国际上的焦点话题。

# 第二节　环境会计基本理论

环境会计是会计领域一门新型的交叉学科，关于环境会计的概念、假设、计量、报告及记录等是研究的核心问题。通过对其相关内容的梳理，提出具有实践性的观点、程序、方法，希望能对今后的研究、实际操作提供理论上的支撑。

## 一、环境会计

环境会计是以环境资产、环境费用、环境效益等会计要素为核算内容的一门专业会计。环境会计核算的会计要素，采用货币作为主要的计量单位，采用公允价值计量属性，辅之以其他计量单位及属性完成会计核算工作。但环境会计货币计量单位的货币含义不完全是建立在劳动价值理论基础上的。按照劳动价值理论，只有交换的商品，其价值才能以社会必要劳动时间来衡量，对于非交换、非人类劳动的物品，是不计量的，会计不需要对其进行核算。然而这些非交换、非人类劳动的物品有相当部分是环境会计的核算内容，因此，环境会计必须建立能够计量非交换、非劳动物品的价值理论。

## 二、环境会计假设

### （一）资源、能源的价值

当今社会的快速发展，为我们带来一定的经济效益的同时，也使环境压力不断增大，在对科技进行研发的时候就需要消耗许多资源，有一些资源是无法再生的，开采一点就会少一点。因此人们在追求经济效益的同时也应该时刻关注环境的变化，运用环境相关的会计要素，就可以对所耗用的资源以及资源的存储量进行估算预测。

### （二）国家主体

环境是我们每个人生存所需要的必然条件，环境的好与坏关系着我们每一个人的生存。因此我们可以将环境看成全体人类的共同权益，每个人在实现自己经济效益的同时都需要对环境负起一定的责任，因为在对资源进行开采或者对资源进行利用的时候，他所运用的是我们全体人类的资源，而非个人的。因此需要对环境造成的破坏或者损害担负一定的责任，国家和政府应该发挥自己的主体地位，制定相关的法律法规来保护我们的生存环境，对于过度开采等不正当的行为，采取一定的惩罚措施，对已经产生破坏的环境实施补救计划。

### （三）资源循环利用

大自然中的资源有一些是有限的资源，经过开采之后总量就会减少，因此要学会对资源进行循环再利用，尽量提高资源的使用率，使资源下降的速度减慢减缓。环境与我们的生产生活相连接，具体的资源循环过程：对资源进行开采，然后生产出产品，在产品被利用完之后产生的废弃物，将废弃物进行再生。如此反复使资源得到一个合理开发与循环利用，可以将环境污染以及对资源的开采降到最低，也可以提高资源的利用率，为社会带来经济效益的同时还可以对环境起到一定的保护作用。

### （四）价值等多种计量

环境会计也不同于之前的会计定义，它将会计的基本要素赋予了许多新的定义，并不单纯地以货币为计量单位来进行商贸经济活动。当国家与政府在对生态环境进行补救或者建设的过程中，环境会计不能用货币的方式来判断其价值，现在存在的最大问题是无法将会计与环境会计两种概念融合在一起来进行估算与预测，需要想办法将二者融为一体发挥其更大的价值。

## 三、环境会计的确认与计量

环境会计确立和计量的概念，对它进行研究与探索的过程是非常艰难的，因为无法将研究对象以及计量单位做一个明确的界定。将环境会计建立在边际理论与劳动价值理论的融合基础上，按照这两者的计算测量方式来对环境会计进行相似的算法，如果想要真正研究清楚环境会计本身的含义，就需要去探索环境会计要素确认的特殊性，侧重研究单位环境会计中资产负债的会计要素的确认问题。

### （一）环境负债的确认与计量

在环境会计中有许多要素被赋予了专业性的定义。例如，为了实现经济效益，而对环境或者资源产生损耗，被称为单位环境负债。这就意味着需要用自己的资金对造成的不良影响进行弥补，尽自己最大的可能将资源与环境恢复成原样，如果不能，就要对环境进行一个补救。单位环境负债有自己的特点，按照对环境负债的把握程度，可以把环境负债分为确定性环境负债和不确定性环境负债。

#### 1. 确定性环境负债的确认与计量

公司在生产经营过程中，对环境产生了不良的影响，以及对资源开采产生一定的破坏性，政府及其相关人员会对公司进行惩罚，要求他们承担其单位环境负债，具体的内容主要包括要将排污的费用以及对环境破坏的程度进行罚款,并且在计算完之后,按照所破坏的程度及对环境污染进行经济赔偿与生态还原。

环境责任是指公司与企业在追求经济利益的同时,对环境造成了一定的破坏,那么就需要对此收取一定的费用以及根据相关法律措施进行惩罚。例如,对公司收取排污水的费用以及环境破坏的罚款与补偿,这些具体需要担负的责任,可以按照相关处罚部门所确定的金额以及处罚的程度来进行计算,如果这样来看待环境责任的问题,那么它就是一个非常简单的问题,只需要按照规定的金额来进行计算就可以了。如果想要将环境责任导致的负债情况按照相关法律的要求进行修复,再来界定其具体含义,那么这个问题就被复杂化,同时也不再具有确定性。因为所涉及的要素与企业的道德以及社会的责任相关联,无法用具体的数字以及具体的法律来界定,且会受到许多外界因素的影响,那么就没有办法简单地根据几个数字或者几条法律条文来判断需要付的责任是多还是少。并且在为企业质量造成的环境问题进行补救,不同的企业承担的能力也并不相同,有些企业无法担负他们身上的环境责任,他们的资产也不够担负环境负债,所以就没有办法来进行评判与估计。因此需要有环境责任,根据这一概念进行更加完善的修补。

**2. 非确定性环境负债的确认与计量**

非确定性环境负债也是环境负债的一种,这种非确定性主要是由于在企业经营生产的过程中,并非主观意识上对环境的破坏,而是由于忽视了某些环境问题而引发的污染与生态破坏,当真正发生破坏和后续的惩罚时,才可以作为企业的一项支出项目来处理。但由于这是事前没有办法预见的事件,因此在处理过程中不会有具体的方式,这种环境负债所提供的信息也不具备完整性。单位环境会计应当借鉴或有负债的理论与实践来处理环境影响责任问题,如果环境责任发生,且其导致的损失金额可以合理地予以估计、计提或有损失。

**(二)环境资产的确认与计量**

**1. 环境资产界定**

对于环境资产的界定,目前资源环境经济理论界与会计学界的看法并不一致,且形成了下述三种主要的看法。

(1)环境会计具有不确定性以及不稳定的特征,因此与环境会计相关联的各种属性以及要素也都根据时代的不同被赋予了不同的定义。就环境资产而言,许多学者是通过对环境会计的认识而了解到的,因此在他们的脑海中环境资产所进行的定义,也是根据背景的不同,而被赋予了不同的含义。早在欧洲的一些发达国家就有环境资产学家对环境资产进行了定义,他认为环境资产是社会与自然相碰撞而带来的资产;另一批人认为环境会计的对象应当是自然界全部的资源;还有相关人员认为环境中存在的资源,节约环境资产并对环境资产进行利用的时候,需要给予一定的资金才可以使用。综合各位学者的观点,可以得到,大家认为的环境资产主要包括资源资产和生存环境资产。

（2）联合国国民经济体系认为只有真正产生经济效益，并且有固定的法人的公司才具有享有环境资产的权利。为了印证这种说法，研究的人或团体必须都拥有自然资产，还要掌握相关的专业技术、专业知识以及资金和资源同时做一定的预算，并且标明价格。自然环境资产可以为公司带来一定的经济效益，核算体系对自然资产的界定也是相对模糊的，但是可以确认的是，有一些资产不能被认为是自然资源，比如自然界的空气、水资源是人类必须用到的资源，就没有办法被列为自然资源，因为这些要素对于环境的影响是非常巨大的，也可以说几乎充斥着我们整个生产生活的环境，是没有办法人为控制的，因此不能将它们列为环境资产。

（3）上述是从较大的国际角度来将环境资产进行分析的。如果将环境资产具体到我们生活的每一部分可以形成具体的定义，即为利用环境所产生的经济效益，而这种经济效益所需要的环境成本就被定义为环境资产。

**2. 环境资产的确认与计量依据**

在环境资产的确认问题上，主要是对以往的贸易交易以及生产生活所对环境资产的利用率进行的一个统计分析与估算预测。将环境资产用哪种单位来定义，是我们现行社会主要需要考虑的问题。

一个项目是否被确认为环境资产，主要看它是否满足以下四个前提。

第一，符合定义。对于单位发生的成本只有符合这一环境资产的定义才可确认为单位的环境资产。

第二，货币计量。对于单位发生的不能用货币计量的有关活动或事项就不能确认为单位的环境资产。

第三，决策相关。只有与信息使用者决策相关的有关环境成本的资本化才能确认为单位环境资产。

第四，可计量性。由于单位环境资产是单位环境成本的资本化，而环境成本往往是单位付出了一定的代价的。因此，对单位环境资产取得时，其价值可以按所花代价进行计量。这种计量是有据可查的、可验证的，因此其计量结果应当是相当可靠的；否则，就不能确认为单位环境资产。

综上所述，只有那些单位发生的环境成本中同时符合环境资产要素的定义、可用货币计量、与使用者的决策相关和能够可靠的计量等确认标准的项目才有可能被资本化，被确认为环境资产。

**3. 环境资产的确认与计量方法**

（1）增加的未来利益法，即导致未来经济利益增加的环境成本应资本化。这是从经济角度进行考虑的，不过，对于污染预防或清理成本，在被认为是单位生存绝对必要的条件时，即使它不能够创造额外的经济利益，也应予以资本化。

（2）未来利益额外的成本法，即无论环境成本是否带来经济利益的增加，只要它们被认为是为未来利益支付的代价时，就应该资本化，这是从可持续发展的角度考虑的。

## （三）环境成本的确认与计量

环境成本与传统单位成本相比，具有不确定性，但仍能根据相关法律或文件进行推定。在目前的会计制度体系中，在权责发生制原则下，环境成本应满足以下两个条件。

第一，导致环境成本的事项确已发生，它是确认环境成本的基本条件。如何确定环境成本事项的发生，关键看此项支出是否与环境相关，并且，此项支出能导致单位或公司资产的减少或者负债的增加，最终导致所有者权益减少。

第二，环境成本的金额能够合理计量或合理估计。由于环境成本的内容涉及比较广泛，因此，其金额能不能合理计量或合理估计则是确认环境成本的重要条件。在环境治理过程中，有些支出的发生能够确认，还可以量化，如采矿单位所产生的矿渣及矿坑污染，每年需支付相应的回填、覆土、绿化的支出就很容易确认和计量。但有些与环境相关的成本一时不能确切地予以计量，对此我们可以采用定性或定量的方法予以合理地估计，如水污染、空气污染的治理成本和费用，在治理完成之前无法准确计量，只能根据小范围治理或其他单位治理的成本费用进行合理估计。

环境成本的固有特征决定了环境成本确认的复杂性，严格确认环境成本是正确确认环境资产的前提条件。因此，必须强化环境成本确认的标准，为环境资产的确认奠定基础。

## 四、环境会计报告

披露环境会计信息的方式包括以下几种。

### （一）环境资产负债表

独立式的环境资产负债表是单位为反映环境对财务状况的影响而独立编制的资产负债表。借鉴传统财务会计的做法，环境资产负债表左方登记环境资产，右方登记环境负债及环境权益，也遵循"资产＝负债＋所有者权益"这一理论依据。

在环境资产负债表中，环境资产是参照传统会计的做法将其分为环保流动资产和环保非流动资产两部分。

环保流动资产用来核算与单位环境治理相关的货币资金、存货、应收及预付款项，环保非流动资产包括单位所拥有或控制的自然资源以及与单位环境治理相关的固定资产、无形资产、长期待摊费用等。

环境负债主要包括两部分：一是为进行环境保护而借入的银行借款，包括短期环保借款和长期环保借款；二是应付的环境支出，可按其内容分别设"应付环保款""应付环保职工薪酬""应交环保费""应交环保税"等科目进行反映。

### （二）环境利润表

设置单独的利润表，可以较好地让信息使用者了解单位的环境绩效，揭示单位保护环境和控制污染的成效。

环境利润表按照"环境利润＝环境收入－环境费用"这一等式，采取单步式结构计算利润。

由于环保工作带来的社会效益等难以计量，因此在环境利润表中的环境收入只通过环保交易收入、环保补贴贡献收入、环保节约收入三大项目来反映。其中，环保交易收入是指单位在生产经营过程中的各项交易事项形成的与环境保护有关的收入，可分为单位出售废料的收入、排污权交易收入和因提供环保卫生服务获得的收入等。

环保补贴贡献收入是指单位获得的政府给予的环保补贴或因取得环保成果而得到的社会奖金，可分为政府给予单位的支持环保的补助收入和环保贡献奖金收入。

环保节约收入则是单位在环境治理中取得的各项节约收入，这一部分收入虽然可能不容易直接计算，但仍然是属于单位在环境治理中获得的经济利益，理应计入环境收入。环保节约收入可分为单位节约能源及材料的节约额、排污费节约额、节约的污染处理费、节约污染赔偿费、因环保贡献而受政府支持取得的低息贷款节约利息额、减免税收节约额等。

环境费用则按其性质和作用可分为环境治理费用、环境预防费用、环境负担费用、环境恶性费用四类。

环境治理费用是单位治理已经存在的环境影响而发生的支出，可分为单位因治理环境花费的材料费用、绿化、清洁费用、环保设备折旧费以及由于购入环保材料而支付的额外费用。

环境预防费用是单位为防止环境污染支付的预防性支出，环境预防费用可以分为环保贷款利息、环境机构业务经费、环境部门人员工资及福利、员工环境教育成本、社会环保活动开支等。环境负担费用则是单位理应承担的环境保护责任支出，可分为排污费，与环境有关的税金支出、其他环境费用等。

环境恶性费用是由于单位环境治理不力而导致的负面性开支，可分为环境事故罚款及赔偿、环保案件诉讼费。

### （三）会计报表附注

在报表附注中披露以上报表项目中不能反映的非财务信息、单位环境会计所采用的具体目标和特定会计政策，如单位环境状况及环境目标完成情况简介、环境资产的计价与摊销政策、环境利润的确认政策等单位面临的环保风险。主要包括国家环保政策的可能变动、上市公司所处行业的环保情况和未来发展趋势分析等环境法规执行情况，依据的环境法律、法规内容及标准以及执行的成绩和未能执行的原因等，主要污染物排放量、消耗和污染的环境资源情况，所在环境的资源质量情况，单位本期或未来的环保投入情况，治理环境污染或采取环保措施而获得的经济效益和社会效益，环境事故造成的影响及处理情况，单位内部环保制度、机构设置，环保技术研发、环保培训、环保活动等开展情况。环境会计变更事项主要包括环境会计方法的变更、报告主体的改变、会计估计的改变等。

环境会计所研究的末端治理模式的特征是先污染后治理，或者是边污染边治理。它把环境污染看作生产中不可避免的。在末端治理范式下，自然资本成为被开发的对象，在生产中处于被动的和受忽视的地位。自然环境和自然资源的价值被人为地降低，很少被维护，以至于被破坏，这是环境会计研究所不能解决的难题。

## 第三节　经济学成本与会计学成本比较

经济学与会计学都是研究人类生产生活与资产财富的内部关联的，二者之间也存在一定的连接关系，成本就是二者之间研究的共同要素。本节从不同的角度，利用会计学的相关知识和技巧来对成本进行深入的研究，并尽可能地发现成本在会计学中的重要性，并分析不同的角度所观察到的成本概念可以为会计学的发展产生哪些有利影响。

### 一、会计学中的成本定义

西方一些国家早就对成本进行了深入的研究，并有些资深的会计学家给出了成本一词在会计中的定义。他们认为成本就是为了达成某种目的而为此付出的时间和资金等财富，这种付出的具体事物，具有一定的价值和使用价值，可以通过标准衡量出它在社会生产中所代表的价值。在一本书中写道，成本是为了达成某一种目的，而对自然资源和社会资源产生了损耗，这种损耗就是成本。综合前人的各种观点，我们可以将成本的概念放在会计中来解释，其主要内容包括劳动力通过劳动而获得的报酬、自然给予我们的各种资产资源以及我们在生产生活中消费的金钱，这些都可以被称为成本。

成本在会计的领域中主要表现出一些具体的特征：一是只看眼前消耗的成本，不需要考虑过去和将来的；二是只将可以看到的成本记录下来，不计隐性成本；三是成本应该是存在于我们每个人的工作和生活中，在这两种经济运动中所消耗的资金；四是这种成本可以用一定的标的物表示出来，无法表示出具体价值的，不可以计入成本。

### 二、经济学中的成本定义

在西方一些国家很早就进入了资本主义的制度，并对经济开展了大量的研究且提出了很多有重大意义的概念，解决了许多社会生产中产生的问题。成本也是他们一直以来主要的研究要素，探索的是个体与个体、集体和个体、集体和集体者这三方面在生产过程中和经济交往中产生的各种成本。

#### （一）生产成本

在经济活动的过程中，有劳动生产就会有成本的产生，从经济学的角度来分析成本的概念，可以从以下几点内容来看。

### 1. 短期成本

由于时间较短、生产的成本不高,因此成本的增加和减少都不会太明显。短期成本主要包括可变成本(TVC)和固定成本(TFC)两部分,前者会随着生产数量的多少也实时跟着变化,后者则是固定不变的,不受其他外界因素影响。短期成本有两个重要概念:平均成本(AC)和边际成本(MC)。平均成本又可分为平均固定成本(AFC)、平均可变成本(AVC)和平均总成本(AC)。平均固定成本随产量增加而递减,平均可变成本、平均总成本随产量的增加而经历递减、最小、递增三个阶段。

### 2. 长期成本

长期成本是发生在较长的一段经济活动中的运动,在较长一段时间内,成本是可以控制的:市场提价就可以减少购买的数量,想办法提升质量;如果市场价格降低,就可以用较低的成本购入较多的原料。通过调节生产的数量来对成本进行有效的控制。

多个短期成本构成一个长期成本,短期成本不具有代表性,通过对长期成本的观察,可以发现生产经营中隐含的成本定义。

### (二)机会成本

成本可以细分为很多种类,其中的机会成本是指在两个选择中需要通过放弃一个才能获得另一个机会,这一过程中被放弃的那个就可以被称作机会成本。这种成本不是用货币等实物可以衡量出来的,而是通过放弃一部分才能获得一部分的方式产生的放弃成本,它所侧重的不是当前的收益与亏损,而是对未来收益的一种预见性,由于选择而对未来被放弃的部分产生的收益,即自己放弃的机会成本。机会成本的产生可以促使决策者更快地做出对自己最有利的决定。

### (三)边际成本

边际成本是指由于单位产量每增加一单位所增加的成本费用。它可以通过总成本增量和总产量增量之比表示出来:$MC=d(TC)/dQ$。从概念得知,边际成本是由可变成本增加所引起的,而单位可变成本又存在着先减后增的变化规律,因此,边际成本(MC)也必然是一条先降后升的"U"形曲线。

在将边际成本考虑在成本中时,需要注意生产的规模越小越好用,因为规模较小也意味着更好控制成本。如果范围过大时,可能导致边际成本随着总量的变化变得更多,所以要多角度地考虑边际成本和产生收益之间的关系,合理利用边际成本的方法来分析生产经营的具体情况。

### (四)交易成本

在经济活动中会产生商贸交易,其中产生的成本被称为交易费用。对于这一定义,相关学者也持有不同的观点,有的学者认为这部分费用可以获得市场中的有利的资源和消息;还有人认为交易成本不仅包括获取信息的成本,还包括对交易过程中产生的监管费等;西方著名学者威廉认为，交易费用可以通过事先和事后这两种方式来进行区分，事先成本是指在交易还没正式开始之前所发生的资金变动，事后成本指在交易活动后出现问题时所承担的费用。

交易成本适用于特定的前提下，比如必须是处于社会经营中的人与人之间发生了实质性的交易，在交易产生了之后，才可以用交易成本的定义；交易成本不是经营过程中的实物交割，而是一种不接触实物的交易，因此可以得到结论，交易成本和生产成本不是一个概念；只要是发生在我们生活生产中，不论是有形的还是无形的交易产生的资源和产品消耗，都属于交易成本。

## 三、会计学成本与经济学成本比较

（1）相较于经济学，会计学更具有具体性，在分析成本上也更为详细。在研究对象上，经济学是从广义上去研究成本的，一些经济学家的眼界开阔、知识渊博，在研究的时候所关注的也是全局的观念，注重从全部的经济活动中去对成本进行具体分析；从会计角度出发，相关学者则更加注重生产所产生的成本以及对客观事物具体的影响。

（2）会计人员的日常工作是对公司的账目进行记录和计算，他们记在账目上的只是实物的支出和进入，却无法记录一些隐性成本，这些隐性成本包括一些选择中产生的放弃成本，即机会成本。但经济学对于成本这方面的研究时间较早、思想较成熟，他们在计算成本的时候，会将具体的机会成本、边际成本以及实物的生产成本都记录下来，并运用复杂多样的经济算式将全部可预见的成本加以计算，最后得到的成本会更符合实际情况。

## 四、用发展的眼光看两种成本理论

在经济飞快发展的当今社会，科技水平在逐日提高，想要真正地认识这个世界上的事物，就需要用发展的眼光去看问题。无论是哪种理论都在随着时代的变化不断地优化、不断地改变，成本定义也是一样的，在古代时期与现代时期都有不同的含义，要不断地更新自己的思想观念，用符合时代要求的方法去看待成本这一概念。在以前科技水平一般的时候，好多信息是没办法获得的，只能通过经济学家进行预测和分析，然后才能继续研究。但是现在科技水平得到了快速的发展，在网络上可以获得很多的资料，也为科研人员和相关学者提供了很多探究依据，令科研家们可以有更多的理论作为预测的依托。

会计这门学科主要是为了服务于公司或者社会需求，而随时改变自身的职能，经营生产的过程对会计的工作范围有着很大的关联。在现代经济发展快节奏的社会，会计要从经济学的角度去分析成本这个重要的经济要素，把成本研究透彻，会对整个会计史的发展有很大的影响。

（1）传统会计成本正从单纯计量过去信息向能动地运用信息参与决策，提供未来信息的方向发展，即由静态向动态，由计量过去到计量未来。

（2）会计成本的控制从原来的只关注自身所产生的消耗到现在开始注重内外部共同作用产生的消耗。

（3）在最开始时，会计的工作只需要对账目的收入和支出做出核算，并记录清楚就可以，但后来随着社会的发展，对会计的要求越来越高，这就迫使会计需要掌握更多的技能和专业知识。

（4）会计成本由以货币计量为主向采用多种综合计量手段并存的阶段发展，如在美国，一般大型单位都在其年度报告中附有简要的社会责任履行和环境保护情况的说明。

## 第四节　经济学视域下的会计学

随着我国经济水平的不断提升，各行各业都取得了持续有效的发展，在这种大环境下，可以说，会计工作是支撑单位发展的主要原动力，因此，会计学分析就显得尤为重要。但由于对会计学的研究时间较短，还没有形成完整的研究体系，因此需要借助其他成熟的知识来支撑对会计学的研究，经济学就是很好的一个研究依据。我国虽然较西方国家研究经济学的时间晚一些，但是我国非常重视经济学科的探索，在这方面也形成了一个相对完善的系统，所以将会计与经济结合在一起来研究，是非常科学、合理的方法。一些会计学家将经济方法融入会计中，使计算和估算都变得更加精准，不仅提高了自己的工作效率，也为企业带来丰厚的利益。经过一段时间的应用，也证明了这种方法的可行性。本节主要运用经济学的思维以及一些经济学方法来对会计进行分析和了解。

### 一、会计学概述

会计学是一种能够将会计工作本质、变化规律以及体系构造直观地呈现给相关学者的知识体系，会计学相较于其他学科有着本质上的区别，其本身具有许多独有的特征，这些特征主要表现在以下几个方面。第一，体系化特征。会计学经历了数个发展阶段，就目前来看，会计学已经由多个分支学科转变为一个总体学科。这种将分支融合成一个整体的方法，在经济学中是资源的有效整合，可以将各个部分组合在一块，发挥最好的效果。第二，具有统筹全局性。经济学角度的会计学，其工作重点在于通过观察工作中的规律性事件和整个行业的发展趋势，从而制订相对应的工作计划，并将观察到的现象整理成报告，为相关人员提供指导。

### 二、经济学视域下会计学分析的意义

我国人们生活水平的不断上升，经济的快速发展，也使我国对会计管理的标准越来越高，需要会计掌握更多的技能才可以满足社会发展的需求。为了使会计学能够适应我国各

大单位的发展进程，必须在经济学视域下准确有效地进行会计学分析。会计从经济学的角度来分析，主要具备三个方面的特征。首先，会计和经济之间是两门完全不相同的领域，但是有一部分知识，将这两门学科紧密地联系在一起。我国的会计发展史是个很丰富的过程，因为在不同的时期对相关人员的要求都是不同的，人员所掌握的技能也是具有时代性的，在不同的社会背景下，人员都会与时俱进地研究出符合时代发展的新技能，在当今社会，人们都追求经济带来的丰厚利润，因此会计就将自身和经济联系在一起，在经济中归纳出会计知识和技巧，然后来用于服务企业发展。其次，要想将会计的问题从经济学角度来分析，就不能只去研究会计，另一门学科也要兼顾，将这两者一同作为发展的奋斗目标，才可以真正将这种方法融会贯通，灵活地将两种知识运用在一块去解决探索中的问题，不断地从经济学身上寻求成功经验，并加以借鉴，再结合会计的相关情况，进行具体的研究。最后，运用对照观察的方法，将这两者的概念、属性、要素等具体的知识进行对照分析，并找到经济学中发展较为成熟和成功的地方，进而运用到会计管理中去。

## 三、经济学视域下的会计学分析

### （一）经济学视域研究

就我国经济学而言，我国的相关研究学者在实际研究的过程当中主要强调三点：第一，各种商业机构所制造的产品以及劳动力与单位之间的关系、劳务关系；第二，运用何种方式来进行生产制造，制造出那种符合单位发展的产品和业务，以及如何进行资源配置；第三，商业关系。围绕这三点来进行相关性的研究分析，可以极大地提升分析结果的准确性、时效性及实用性。从宏观的角度来讲，在经济学视域下的会计学分析主要就是研究经济市场当中的劳动产出、就业情况、产品以及业务的价值、对外贸易情况这四个点。从本质上来讲，这四个方面的研究就是财政政策以及收入政策的研究统计。而准确有效地分析出这几点的实际情况可以使我国会计市场当中的总供给以及总需求得到平衡，同时也能够为会计工作提供极大的便捷帮助，进而提升会计的工作效率，使会计工作发挥出应有的作用。研究表明，会计学分析的内容较为复杂，所涵盖的知识点也较为烦琐。

### （二）国内外会计学分析之间的关系与发展探究

就目前来看，我国的会计学分析经历了数个发展阶段，每一个发展阶段所呈现的结果都有着本质上的差别。因为不同的社会发展背景是不同的，在寻求经济发展的同时，也要考虑是否与当时的政治、文化相符合，需要追寻发展与时代相统一，才可以得到人们的认可和追捧，选择顺应时代的发展模式，会使会计发展起来更加有效。对于当下的阶段来讲，会计应该要在经济中寻求发展，但这种发展模式，是一种全新的、我们没有接触过的方法，需要研究人员有锲而不舍的精神，还需要我国向西方国家学习。因为西方国家在这方面的研究已经进入成熟阶段，我们国家刚开始接触这个概念，对什么还都是一知半解，现在最需要做的就是学习，然后进行探索分析。我国的经济会计目前初现雏形，很多人还没听说过这个概念，也极少有人知道具体是研究什么的，因此在探索的时候十分困难、摸不到头绪，我国会计人员就需要不断地去学习新的理念，然后结合我国的国情来进行研究，最后分析出会计发展对我国综合发展的作用。

从以上内容来看，从经济的视角来分析问题，可以为会计的发展提供理论依据，会计在运用成熟的经济知识一点一点地揭开经济会计的神秘面纱，让我们国家逐步对经济会计有了一定的认识，并且可以在探索研究之后形成自己的一整套完善的知识，对未来的企业发展提供一定的指导。

## 第五节　产权理论与会计学

单位的产权分离是会计学研究的一个崭新的方向，是产权理论与会计学的有机结合。产权的本质是对稀缺资源的产权问题研究，一些经济学问题都可以通过产权理论框架进行分析。单位提供会计信息是一个必然的事实，单位进行会计信息披露的本质原因在于财产所有权。从产权理论思路出发，能够对会计产生和发展有更深入的了解。

### 一、产权理论的相关概念

产权理论是根据经济学的相关知识延伸出来的一个定义，主要的内容是对资源的合理配置和经济秩序运行中的交易所产生的费用二者之间相互作用所产生的影响，定义中的经济秩序主要内容是市场的自我调节和政府的宏观调控。产权理论的兴起与我国会计的相关研究有着密切的关系，产权给会计的各个方面带来了有利的发展，从中可以看到会计在不断地提升自己的职能，并且向好的方向去发展。

从产权理论提出中国会计学的观点，也就是用产权相关知识和角度去看待会计的发展，并对会计的相关知识进行具体分析，分析会计运用的过程中涉及的产权流程顺序，并且用产权相关的方法来对会计进行监管和指导，在具体的现实生活中，将会计和经济产权相结合，开创会计附属属性的新概念，这一理论可以将困难复杂的经营活动有序化，可以通过专业的流程，从而解决实际问题，并对现在市场上的问题提供一定的借鉴。

### 二、产权理论与中国会计学的关系

产权理论是会计研究的起点，产权关系决定着会计确认、计量方式、记录难度和报告程度，而社会中一次次的产权变革便促进会计产生、发展和完善。因此，产权理论对会计的影响也逐渐明晰，可将其分为三个方面：①会计反应和控制产权交易行为，从产权理论角度来讲，社会上的一切经济活动都是产权交易。②会计准则的制定与产权密切相关，维护与保护产权所有者的利益是会计法律制度建立的出发点。③产权的特征决定会计的发展方向，各个产权所有者在为利益进行博弈，因此，会计满足各个产权所有者所必需的信息。

产权知识为会计的发展提供了理论依据，经济学就会更加了解市场，把经济学的相关知识加入产权理论，让会计与产权经济学之间相互贯通，找到其中的共性并结合实际去应用。从产权理论出发，能够说明我国现行制度下会计信息失真是委托人和代理人博弈的必然结果，因为国有单位的名义所有权归国家所有，实质的所有者缺位，代理人拥有国有单位控制权并去追索单位剩余权益，这是国有单位效率低下以及管理层腐败的原因。要想彻底地杜绝这种不良风气，就需要先找到问题所在，再对具体的问题进行分析，并寻求解决方案。这就需要国家政策的扶持，让相关的机构发表相关的会计革新报告，对会计和产权进行一个有效的整合。

## 三、产权理论与会计学结合的现实意义

从会计产生与发展的动因、职能、对象、目标、假设和会计制度等方面，深化了对会计基本理论的认识。以往学习会计假设是从已经存在的单位会计制度的基础上，运用产权理论的基本原理动态地看待产权和会计的关系。单位的会计确认、计量、记录和报告也是反映产权的变动。在产权相关概念中用消费过程中的一些现象来概括单位的定义，将单位一词明确定性为中介属性，使用它主要是方便交易的结算和明细记录，会计在这一过程中也是帮助连接性质的物品完成职责。所以在选择会计的主要针对方面时，可以将产权概念代入解析。如果想要单位能够发挥应有效果，需要先对其概念进行解析，而对其本质的定义还需要借助经济领域的其他名词来剖析，经过长久的实验可以发现将产权概念加进会计专业进行复杂疑问的解决是有效果的。同时产权一词在其他行业不断应用，可以化解经济领域的其他不对等现象，比如行政权力和经济权力的界定范围不明会使市场产生不可预计的其他变化，市场原本的调节效果大幅减弱，其他各行业也受到此形势的干扰而发生不同改变，会计的政策理念刚好符合这一状况的要求。出现这些消极影响的原因都是由产权与会计之间的不明确造成的，并且在一些国企单位中所有权的概念被削弱或者直接剔除，这直接导致了会计在计算过程中与资产所有者产生了利益冲突。因此应该对产权的知识进行重新的认识，将产权的界限划出用明朗的界限来定义，只有将二者之间的结构关系整理清楚，才可以使会计在计算与工作的过程中发挥有效作用。将产权与会计两个概念放在一起讨论，是两个概念之间相互矛盾作用的结果，伴随着我国经济的不断发展，以及市场制度的不断完善，笔者提出让会计理论作为会计会议中的中介角色是一个很好的意见，政府及相关机构对产权的理论进行法律上的强制保障之后，可以使会计制度与产权得到一个相平衡的情况。

由于我国现在的产权结构存在许多问题，并且将会计概念也与之融合，所以想要让会计得到发展，也必须对产权做出一定的革新和优化。我国的会计学家在对会计这门学科进行探索的时候，同时也要将产权这部分的知识进行学习，并且在其中找到会计与产权之间

的内部关联。最后将二者之间的关系进行一个平衡，政府也应该减少对市场的干预，将经济自由归还给市场。

## 第六节 "互联网+"环境下会计学专业人才培养

近年来，随着互联网在我国市场经济实践中的不断应用，电子商务得到快速的发展，电子支付方式被广泛应用，这些都促进了会计内容的不断变化。本节主要就我们现在生活环境必须用到的网络和电子支付方式来对会计各方面产生的变化进行描述，并且为寻求培养会计人才提出新的解决办法。

### 一、会计人才培养

随着我国经济水平的不断发展，对科学研究方面的人员需求也越来越大，这就需要各高校以及各单位可以为社会提供具有专业能力和有专业知识的人才。对于会计这方面来说，这本就是一个很难的学科，学习会计需要掌握精密的算术以及各种专业知识，因此对会计人才的培养与训练是一个漫长而又困难的过程，如果想要得到专业性的会计人才，那么是需要花费许多时间、资金与心力的，而且在培养人才的过程中，我们需要明确当今社会需要的是什么样的人才，针对当今社会的经济市场提供与之相符合的会计人才。在如今我们生活的社会环境中，最具代表性的就是发达的网络，几乎每个人的生活都离不开网络，那么处于现在这个时期，对于会计人才的培养，主要应该注重的是他在计算机这方面的能力。

### 二、互联网对会计学基础理论的影响及人才培养对策

无论是对哪一学科的学习都要先从基础的理论知识学起，对于培养会计人才也是如此，如果想要对其进行培养，需要让他先了解与会计相关的基础知识，也就是说，需要他在刚开始学习会计时先去掌握会计相关的概念以及计算方法、实验操作过程中需要用到的技能。在刚开始接触会计的时候要先从简单的部分学起，这部分主要包括对于其概念和方法的简单概述，以及一些简单的公式，再对一些不需要太多技术的操作来进行实践。对于初步的概念主要是围绕记账和开户等方面来进行的，简单方法包括会计凭证、对报表进行计算等这些入门技能，在刚开始学习的时候需要对这些看似简单但是对于算术要求很高的计算进行反复的练习。我们学习知识为的是解决现实生活中所遇到的问题，会计存在的意义是对我们生活中大大小小的收支进行计算，但是当今社会主要运用网络来进行各种人际交流以及经济活动，许多网络上的店铺以及现实生活中的线下店，在支付的过程中都可以通过手机支付来完成，我们会发现身边纸币出现的场合越来越少，大部分的交易是通过手机支付

来进行的。那么这一现象的产生也会对会计产生一定的影响，意味着会计不能再以原来那种学习方式来学习了，由于对于现在的社会已经不具有实用性，因此应该转变自己的学习方向。会计受到的主要影响如下。

第一，会计在社会中的主要地位受到影响。因为人们的收支不再依赖于记账这种方式，而是通过手机、电脑简单地输入就可以得到结果，会计人员无论是在生活还是工作中，如果不改变自己的思想观念，就没有办法很好地适应现代社会的生活。

第二，在互联网还没有像现在这样普及的时代，会计的记账是需要进行记月账就可以了，也就是一个月汇报一次结果，但是由于网络的出现可以随时随地就知道账目，因此它带给人们的便利性比传统的方式更好，就会更受大家的青睐。

第三，会计是以纸币作为标记物的，但是在当今的社会纸币使用越来越少，大多采取简单快捷的手机支付。

第四，会计的记账凭证发生改变。在原来的时候是需要用纸张来进行记录的，但是由于现在网络的发展以及人们熟练地使用计算机记账功能，完全可以运用计算其中的表格以及相关软件来对凭证进行记录，将传统会计烦琐的记账方式简单化，也可以让人们更快更方便地得到结果。会计报表由网上报表，采用通用代码编辑。

第五，如果运用原始的清算方式需要将货物每一样的进入与卖出都进行明细的记录，会使一些金额较小、体积较小的货物在进行记录的时候件数较多、较复杂，但是由于网络的兴起，每件商品的背面都会形成条形码，通过对条形码的扫描即可以在电子会计账户中形成进货与卖出的记录，而且一些企业或者个人是为公司采购物品，在我们现在的社会中可以直接打印出相关的凭证，也不需要再像从前一样需要开许多证明，走复杂又麻烦的流程，这样既方便又快捷，也节省了顾客与店家的时间，可以为社会创造更多的经济效益。

上述提到的这五点表现都是网络快速发展对会计造成的影响。警示我们在对专业知识学习的过程中，也要时时关注社会生活中的变化，让自己学的知识可以结合实际的生活环境解决现实生活中的实际问题，并为社会创造财富与收益。针对网络与会计的这个问题给我们的启示是应该在学习会计知识的同时，加强对计算机知识的学习，将计算机与会计两门学科融合在一起发展现代会计。学生还应该在课余时间多去参与社会实践活动，即对商品的条形码扫描以及相关凭证打印等附属能力进行学习。

## 三、互联网对财务会计的影响及对策

伴随着互联网的不断普及，在会计这个学科上除了简单会计受到影响之外，财务会计也在一定程度上受到了影响。为了适应时代的变化，财务会计在应用的过程中也应转变其方式，主要表现为以下几个方面。

（1）在之前的财务会计中，对于货物存货量的计算方式主要是先进先出法，这种方法主要强调的是货物进入仓储的顺序，先进入的话就可以在有需要的时候先出库，让存储货的数量与其流转中的成本保持一样，这样计算出来的结果才会比较靠近真实的结果。但是在当今网络发达的前提下就不需要运用这种烦琐的方式了,因为网络上对于存货的进入与出去都会有一定的代码流程,只需要输入相应的代码就可以让货物按照预定好的供应链进行物流运动。由于电子商务的发展,网上销售占比越来越大,而网上销售可实现直销,商品由厂家直接发往消费者所在地,这样网络营销单位销售会计核算业务也发生了相应变化。直销商品成本结转如下。

  借:主营业务成本。

   贷:在途物资。

而传统销售成本结转为。

  借:主营业务成本。

   贷:库存商品。

  (2)在传统的财务会计中,因其工作量繁重、操作较难,所以许多数值的计算是估算得到的,这样做的目的是以免数字太大或公式太复杂使会计人员的工作没有办法按时完成。但是在网络信息化的时代就不会出现这种因为估算而产生的误差,计算机只需要简单的操作,即可得到精准的结果。坏账准备会计准则规定可以用应收账款百分比法和账龄分析法处理,在互联网下,会计上应收账款可以通过应收账款系统进行账龄自动管理,通过设置不同账龄下的坏账比率,可自动计算坏账数额。计算机的功能非常广泛,也比较全面,因此如果手中有即将到期限的投资也可以通过计算机及时地算出应得的利率与收益,但是如果在以前是没有办法得到这部分收益的,因为在传统的财务会计中折旧收益是忽略不计的,不然会无故增加会计人员的工作。在之前的财务会计结算中,为了缓解会计人员的复杂计算,往往会在月初的时候对固定资产的折旧率来计算,而不是采取年限法和双倍余额递减法来进行,在当今的互联网时代就可以使用这些复杂的方法来进行计算,折旧的计算更加精准。

  (3)互联网对财务会计报表的影响。为推动单位会计信息标准化建设,财政部于2010年发布了《财政部关于发布单位会计准则通用分类标准的通知》,将可扩展商业报告语言(XBRL)技术规范系统应用到会计工作中,于是产生了会计报表元数据的概念,元数据是关于数据的数据(data about data),它是一种广泛存在的现象,在许多领域有其具体的定义和应用。元数据是描述其他数据的数据,或者说是用于提供某种资源的有关信息的结构数据,是描述信息资源或数据资源等对象属性的数据。

  在互联网环境下,网络销售新业态出现,各种网络居间单位出现,会计导致新的会计核算方法和业务出现,当机器人销售出现后会出现会计业自动化。因而,会计人才培养应反映这种变化,会计人才应知道有关商业智能相关知识,应对网络直销知识有相应的了解,并对跨境电商软件使用有所了解,如速卖通。同时还应学习网上报税,网上通关知识。结合互联网对会计报表的影响,应对会计人才开设元数据相关知识讲座,开设大数据分析课程,并对数据采集技术、射频技术进行讲解。

## 四、互联网对成本会计的影响及对策

### （一）在互联网下传统成本核算日益简单化和自动化

在现代网络发展迅速的时期，计算机的应用得到了普遍的认可，人们大多数的工作与生活都离不开计算机，对于会计来讲计算机也成了重要的工具。就会计成本审核和计算的这部分工作来说，可以实现将传统成本计算中复杂的方法，通过运用计算机的方式，将其简单化，而且计算机的计算可以省去会计人员大量的工作量，也可以对原来工作中的估算进行精算，使会计计算成本的结果更加精准有效，也对指导具体的经济活动产生有利影响。

### （二）互联网下作业成本成为新宠

作业成本法（Activity-Based Costing，ABC）是一种以作业为基础的成本核算制度和成本管理系统。作业成本法以成本对象（产品、服务、客户等）消耗作业、作业消耗资源为理论原则，以作业为中介，确定成本动因，把资源成本归集到作业上，再把作业成本归集到相应的成本对象上，从而摆脱了传统成本核算无法分配复杂而高额的间接费用和辅助费用的困境，使间接费用和辅助费用分配得更为合理，以便较及时、准确、真实地计算出成本对象的真实成本。

# 第六章 会计发展的创新研究

## 第一节 大数据时代会计的发展

随着网络信息化的普及，各个企业之间也都迎来了自己的大数据时代，无论是企业中的数据，还是企业发展所需要的数据，在网络上都可以收集得到，这也使会计的工作变得更快捷也更加复杂了，会计可以非常轻松地获得自己需要计算的数据，但同时也需要对较多的数据进行分析。

网络信息的不断发展，使人们从原来的生产时代进入了信息化时代。人们的生产生活无一不充斥着被网络影响的改变，财务会计为了适应时代的发展也产生了相应的改变，网络信息的到来为企业提供便利的同时，也使企业的生存更加艰难，因此企业需要把握好机会，及时做出正确的选择，这样才可以为自己的企业在风雨飘摇的市场中寻求一席栖身之地。

### 一、云会计环境

在网络高速发展的过程中，云计算成了被世界人们利用率最高的一项科技，在世界各地无论是企业还是个人都会有云计算的需求。它逐渐渗透到我们身边的每一处，不管是做什么行业的企业都需要运用到这项技术，当然如果想要让会计在这个时代得到更好的发展，就必须将这项技术融入会计的学习中。这种计算方式一经推出，就受到很多人的追捧，主要原因是它可以运用较低的成本实现较高的收益。传统的信息化环境是需要耗费较大的人力与资金来购买软件与端口的，但是云计算的方式完全不需要运用到这些烦琐而又复杂的过程，只需要向供应商购买自己所需要的这项服务，就可以很快地享受到云计算带来的好处。而且在云端进行的操作，它会实时地帮你进行记录，如果在计算之后想回去看原来的计算过程，也可以登录云端找到历史记录。在云端计算的大背景下，会计的工作变得更加便利，需要注意的是云计算的方法应用与会计的计算方法相统一之后，企业就可以针对自己需要运用的地方在云端进行购买，然后对自己公司的账目进行一个处理，可以用较低的成本获得较高效益，解决了财政部分对于会计这方面人力和财力的消耗，非常有助于企业长远的发展。

## 二、大数据时代对财会人员提出了新的要求

伴随着会计与计算机的融合，大部分的会计工作需要财会人员在计算机上进行操作，这样的方式虽然使财会人员的工作负担起到了减缓的好处，但其真实性得不到保障。尽管计算机中对于会计算法这方面非常精准，但是也可能由于人为的一些原因，使得会计算术最后的结果产生误差。如果会计人员藏有私心，在计算的过程中，运用不正当的方式，就会使会计最后的结果是非正常的结果。因此伴随着信息化的不断提升，对于财会人员的道德品质有了更高的要求。

在计算机技术加入会计这个范围之后，会计的各项基本操作就发生了变化。例如，在对信息的收集与数据处理上面就要求相关人员具有良好的职业道德，并且可以遵守法律法规，不然没有专门的人员对其具体工作进行监管就可能导致其产生触犯法律以及道德底线的事情。因此在聘用会计人员的时候，应该在其合同中与其签署保密协议，相关人员要保证进行真实有效的记录，不会存在虚假记账。会计人员如果想要顺应当代社会的发展形势，就必须对自身以及自身所具备的技能做出一定的改变，要具有创新意识，敢于在没有探索过的领域发挥自己的想象力，将现有的技术运用到自己擅长的工作中，不断地提升自己的专业化水平与知识能力。

## 三、大数据时代对会计数据的影响

在以前的会计计算中经常存在估算的概念，但由于现在网络信息的发展，计算机完全可以精准地对会计过程中所产生的数据进行精密的计算，因此不用凭借会计的经验来对数据进行估计分析，可以直接通过计算机的程序来得到正确的结果。提高运用会计获取信息的质量，并且将这一项成果与公司经营相关联去指导具体的工作。

会计的许多属性是具有固定性的、是不可人为改变的。例如会计数据这一概念，它所指的是实际发生的数字以及符号真实地记录下来，不允许相关人员对其进行改变或者笔误记错的情况出现。在我国的一些企业中，对于会计的标准都有其各自的特点，没有统一的标准，这使会计的工作性质具有一定的多样化。公司都会根据自身的实际情况，结合会计的相关事实做出具体的部署，让公司的会计部门可以为自己的公司提供最高的效益。不同公司的不同处理方式产生的差异往往会产生差异化的会计数据。会计信息质量的优劣很大程度上依赖于 AIS 处理的原始会计数据的质量特征。企业的购销存等一系列经济活动都会产生大量的数据，各个企业在不同时期，或在母子公司之间的不同业务中，都会根据自身的业务流程调整自己的实施战略，这样传统的数据处理就无法满足及时性要求，在大数据时代，经济活动的处理方式集中在云端，企业可以随时根据自己的需要灵活地选择相应的服务。

## 四、大数据时代面临的挑战

由于信息化的到来非常突然，科技发展的速度过快，且内容复杂多样，因此还没有时间形成完善的法律体系来对网络世界进行一个监督与管理，就会使网络带给我们便利的同时也产生许多无法解决的困难。在大数据时代，任何信息都是共用的，所有企业都可以共享到很多信息，大家需要在这一变化过程中逐渐适应，并且合理地进行运用，相关的法律部门也要及时地去研究网络环境对我们生活造成的影响，及时地制定相关法律法规来保护我们身边每一个人的基本权益。

大数据来源的挑战。由于信息化时代的特点，网络上可以查询到任何一样东西的信息，那么我们所看到的信息的真实性就遭到质疑。它有可能是真实的，也有可能是经过他人的加工与捏造出来的虚假信息，因此面对这样的信息环境，我们每一个人都需要有判断信息真假的能力，并且合理地运用网络带给我们的便利。

客户认可度的挑战。信息化的发展是一种非常先进、前卫的思想，就会存在一些较传统的企业无法接受这种形式的改变，对于网络带来的任何事物都持有反对排斥的心理，因此会使网络推广的特征遭受到一定的限制作用。这就需要做出改变，去改变这一类企业的固有思想，让他们试着去接受新鲜的事物，为自己的企业带来更好的效益，进而可以存活于现在快速发展的激烈市场中。

网络传输的挑战。由于会计应用计算机来进行计算，那么就需要在网络上来完成一系列的会计核算，有一个弊端是无法忽视的，那就是网络带来的延迟，会因为数据量较大，在传送的过程中消耗较长的时间，以及较大的内存。

会计信息安全难保障。由于计算机的计算可以给人们带来很多便利，会使人们对这种方式的工作产生一定的依靠性。如果什么数据都输入计算机中，网络就会掌握全部的信息，一旦网络被病毒侵入或者不法分子获取到保密信息，那么个人的信息安全就会受到一定的威胁，因此在会计对信息进行处理的过程中，需要会计将一些保密信息无需存在计算机中。另外日积月累的大量数据会对电脑产生一定的负担，这就需要计算机不断地提升自己的性能，总而言之，由于现在网络的相关法律法规还不完善，会让许多不法分子对信息进行泄露与买卖。

内部控制制度缺乏。传统的会计与现在的计算机会计相比也不是一无是处的，也会在一些地方优于现在的会计制度。例如，计算机会计形成的时间较短，其内部的体系还不完整，会有许多存在问题的地方，但是作为传统的会计，经过了不断改进、不断优化，经过好多次的实验才形成的，因此具备一定的成熟性，这是现代会计需要对传统会计进行继承与借鉴的地方。

## 五、大数据时代下会计发展的建议

为了顺应现在社会的快速发展，会计行业如果想要立足于经济市场，就应该合理掌握信息资源的利用，并且将自己的会计学赋予一定的网络化属性。无论是简单的会计知识，还是会计技巧方面，都需要加入网络的方式。在对资源进行收集的时候，要合理地利用企业共享信息的平台，在这个平台上面可以获取许多有效的信息，但是同时也要注重对于平台信息的保密性，让每个人的信息安全都可以得到保护。在信息共享平台上面，大家相互分享信息、互相交流工作经验，将各自的资源进行合理的整合，充分发挥了集体的智慧，使会计这个行业发展得更好、更快、更稳定。信息化为会计带来的好处大于坏处，主要提高了会计对于信息处理的效率，同时也使较为复杂的会计算法可以通过计算机的方法变得简单又高效，但是对于网络信息中存在的一些泄露信息以及买卖信息的问题，国家及其相关机构应该实时观察市场中的问题，并确定相对应的解决方案，使网络化带给我们的好处越来越多，并将其存在的问题找到其根源并解决，让大家可以对网络信息实现可依靠可相信。

企业转变传统观念。一个企业的发展方向，是由一个企业中的管理者及其相关人员来决定大体的发展趋势，如果想要让企业发展得较好，就必须让管理者掌握先进的思想观念。所以为了让企业事业发展，现代信息化社会的发展就应该将管理者从古板老旧的传统观念中解放出来，让他们愿意接受新鲜事物，愿意用新式的解决方式来解决现在生活中遇到的问题。

就专业性这方面来说，可以提高财会人员的专业知识与职业道德素养。伴随着信息化的不断发展，对财会人员的要求也不断提升，需要财会人员在掌握其自身专业知识的同时，也对计算机的网络信息技术有熟练的操作能力，只有将财会人员的专业素养提升上来，才可以使整个公司朝着更好的方向去发展。

## 第二节　我国环境会计发展研究

环境会计的不断探索与发展，为我们的生活带来了非常有利的影响，其中产生的环境责任会使许多企业收敛自己污染环境的行为，并且对于被破坏的环境及时地进行补救。这可以将整个社会的环境质量都提升上来，并且使我们的经济与环境和谐地发展。

自从环境会计这一概念被提出以后就受到了全世界人们的热切关注，因为当前我们全球的人类所面临的问题，就是环境不断地遭到破坏。因此这一概念一经提出就受到了大多数人的支持。

我国的政府及其相关部门也非常注重环境会计这一个概念的实质性含义，对环境会计进行了深入的探索与研究，政府也大力支持环境会计这一概念的大力宣传。随着环境会计的不断发展，促使我国的各个企业将自己对于环境污染的责任相对应地降低，会对环境进行一个补偿，因此制定完善的环境制度，不仅可以使环境会计得到发展，也会使我国的经济效益与环境效益实现统一，在经济发展的同时保护环境、爱护环境，达到经济与环境共同发展。

## 一、我国环境会计发展现状及存在的问题

### （一）理论研究方面

近年来，生态环境治理作为国家治理体系现代化的重要组成部分，受到政府部门的高度重视，环境会计也随之兴起和不断发展，对环境会计的研究，受到了学术界和政府的高度关注，国内学者围绕环境会计展开了大量的研究工作。从相关书籍以及期刊中可以看出，我国在对环境这方面的会计中主要从以下几个方面来进行探究：一是环境会计的审核和计算；二是环境会计的信息披露制度；三是排放权交易会计；四是环境成本管理等。环境会计最先出现是在西方一些先进国家，这些国家的经济水平较高，科技和人才资源较丰富，因此对这方面知识有较深的认知，后来随着我国经济水平的不断提升，人们不只追求经济效益，也看到了环境问题的重要性，因此开始研究和重视环境会计的这方面发展。我国许多学者在这方面取得了较深的造诣，都是通过自己的研究将能源和资源进行整合和有效利用，将会计的专业性知识运用到环境治理中。我国的国家人员和各地政府部门也都投身于环境问题中，制定相关的法律条文，为保护环境提供了强力保证。也有学者从资源成本的角度来看待问题，将成本这个概念与环境中发生的具体问题结合起来，为环境治理问题提供了相关的理论依据。国家的各个企业及个人都在用相关的会计知识来对污染和破坏问题思考解决方案，使环境问题与经济问题得到平衡，实现可持续的发展价值。

我国在对环境会计进行探索与研究的过程中虽然取得了一定的成效，同时也发现了一些问题。首先，由于这一概念是从西方国家引入进来的，我国认为它对实际问题的解决具有一定的指导作用，因此投入了大量的心力让学者进行研究，但是因为没有实验操作的经验，只能从资料或者书上来进行学习，所以它的侧重点是对理论上的研究，其实际性不强，主要的成就也都是偏理论性的。其次，我国对于环境会计的研究是从较具体的方面来研究的，没有从整体的宏观角度来进行分析，由于环境具有不确定性，随着时代的发展，也不能再用原来的角度来看待环境问题，因此会导致在认知上存在一定的偏差，环境会计应该是将微观与宏观相连接，然后研究产生的结果才具有实践性，但显然我国只从微观角度进行研究，并没有对宏观角度做过多的考虑。最后，我国虽然在这方面取得了一些成就，但都是比较一般的成就，没有在原来的基础上获得更高的灵感以创造出更适合时代发展的环境会计。虽然可以供我国现在一般水平的会计使用，但是无法为全球的环境会计提供指导作用，在国际上发表的关于环境会计的期刊也相对较少，只有在我国国内的论文内容相对较多，说明我国的环境会计还没有走向国际舞台。

## （二）应用研究方面

由于我国环境会计起步较晚，相关法律法规体系不健全，尚未出台与环境会计信息披露相关的法律法规，对企业与环境会计有关信息披露要求比较笼统和空泛。由于我国企业对于环境会计的认知还没有形成一个完整的体系，只认识简单的部分，还不足以去指导实践活动。了解环境会计的企业只处于少部分，大部分的公司是没有环境会计这一概念的。主要是缺乏政府的宣传，并且因为大家都不是很了解，所以各个企业在对环境会计信息披露的这项任务上表现得积极性不强，因此为我国全部企业这一方面信息披露的管理带来了一定的阻碍作用。这样的发展形势不利于我国企业的长远发展，也会导致环境会计在我国的企业中难以得到发展并且没有支持力量。

在国内由于对环境会计知道的人不多，且只处于那一部分人员的研究，因此对于这方面的相关论文、文献较少。但是国外与国内形成鲜明的对比，由于国外早就有环境会计这一概念的认知，因此他们在对这方面的研究投入了较多的心血，并取得了较高的成就。国外的许多企业都将环境会计列入自己企业的规范制度，并且进行具体的实施，而我国将这一概念只停留在理论研究的阶段，还没有付诸实际行动，人们还没有形成环境会计的这一理念，并且对于这方面的相关工作方法，持有不支持和抵触的情绪太多。政府应该想办法加大对环境会计的宣传以及具体的解说，让更多的人和企业了解环境会计这一概念，可以为企业和我国经济带来丰厚效益，推动环境会计在我国的积极发展，将理论研究落实到实际操作上面。

## 二、环境会计与生态补偿的耦合关系

### （一）生态补偿与环境会计互为补充、相互发展

由于我国从理论性的角度对于环境会计有了较多的研究，因此在环境抵偿这一方面会为其提供相应的理论依据。所谓的环境补偿就是保护环境，可以获得相应的收益；如果对环境造成污染，就需要支付相应的责任及其处理费用。也就是说，环境补偿的这一概念既是对企业及个人的鼓励和奖赏，又是对污染者与破坏者的惩罚。环境会计在对环境补偿提供理论依据的同时也得到了环境补偿的及时反馈，环境补偿这一概念的提出可以让人们更加重视环境在我们生活中的重要性，二者之间相互配合，共同维护社会的生态平衡以及环境。环境会计作为一门刚步入探究的学科，还没有自己完整的一套研究体系，也没有对其进行彻底的理解，因此无论是从指导性还是理论性都存在许多问题没有解决，而环境补偿已经成立和建立了一段时间，有一定的基础和基本完善的体系，也可以推动环境会计的进一步发展，二者之间相互促进，使我国企业越来越重视环境问题，在追求经济效益的同时也要兼顾环境，不然就会对自己破坏的环境承担一定的责任。

### （二）环境会计发展为生态补偿标准的合理确定提供了依据

一个平等的补偿估算和预测可以为环境抵偿提供操作依据，可以用来衡量企业和个体对资源的消耗以及对环境的损耗程度进行评估，在运用专业的环境会计补偿机制可以为实现生态价值提供技术支持。在当今社会发展中，环境问题越来越严重，人们在发展经济的同时，是以牺牲环境为代价的，因此对环境的破坏进行补救和治理，是每个人义不容辞的责任。大到国家，小到个人，每个人都要为自己对环境造成的负担承担相应的责任。并且，将环境会计的概念引进生态保护中，对环境抵偿标准的合理确定会更为客观。因此，环境会计的不断发展和完善能够为生态系统的价值补偿和定价提供理论支持。

### （三）环境会计的实施有助于生态补偿制度的建设与发展

将经济发展和环境优化两个问题一起兼顾，不能以破坏环境为代价去发展经济，这是不符合当下人们所追求的时代主题的。政府必须制定与环境保护相对应的法律法规，将保护环境的意识传达给全体人民，让每个人都有环境保护的意识；让企业明白需要在保护环境的前提下再对经济进行发展，在开采资源时要注意不能过量，在工业发展时尽可能减少污染，否则就需要对环境承担责任；科研人员也要不断探索如何让自然资源进行循环利用，减少资源的耗量，提高资源的利用率。伴随着社会各类人群的一同努力，环境抵偿的体制逐渐得到了支持和发展，对我们的环境起到了一定的保护与绿化作用。

## 三、生态补偿视域下我国环境会计发展策略

### （一）加强以生态补偿为核算内容的环境会计制度建设

环境抵偿虽然是从环境角度来看待问题，但是所运用的解决方法是经济调控，通过经济的方式来制衡人们对于环境产生的负担。由于近年来经济快速地发展，各个国家在追求经济利益的时候，都没有将环境的承载能力考虑到发展中，因此对环境产生了不可弥补的破坏。但近年来自然灾害频发，像是大自然对我们的警示，人们意识到再这样不顾及环境地盲目发展，迟早有一天会将从大自然中索取的，都归还给大自然，并且环境是我们每个人赖以生存的条件，保护环境应该是我们每个人都要有的责任，因此一系列保护环境的措施开始逐渐出现。运用会计的方式将自然界中的物质进行统计，并且限制人们的过度开采以及开发，对已经形成破坏的环境制订长期的补救计划。

### （二）重构以会计核算和生态补偿机制相衔接的环境会计核算体系

环境会计是通过会计的方法来对环境中的问题进行有效解决，并提出解决措施，最后使环境保护和经济活动都可以得到较好的发展。但由于我国在这方面研究的时间较短、实践经验不足，因此好多想法没有办法付诸行动，提供的更多的是知识上的理论指导。但是对于环境抵偿这方面我国做得很好，也拥有较稳固的知识和实验基础。这两者之间也存在内在联系，它们的共同目标是一样的，都是想让我们生活在更好的环境中，在保护环境的

同时发展经济，并且两者之间都是从环境的角度去看待问题，希望可以通过不断努力使生存环境得到更好的保护，并对发生破坏的环境进行补救。环境会计较原来的会计优化的地方在于，它不再只是将发展经济作为唯一的目的，而是看到了现在社会发展过程中的环境问题。随着经济的不断发展，人们对于环境资源的需求越来越大，也会对环境造成一定的负担，使我们生存的环境条件变得越来越不好，如果还不加以治理的话，将会使我们人类失去生存的家园。在这样的大背景下，提出了环境会计这一概念，这种模式主要是运用会计的相关知识以及各类算法来对环境问题进行严格估计预算，并且引入了其他与环境有关的会计要素，将各类方法与条件都融合在一起，提出对环境破坏和造成的负担，人类应该承担相应的责任方法，来使我们生存的环境进行改善，并遏制企业与个人对环境无限地索取，如果企业在对环境造成破坏或者需要环境给予一定的资源时，应当对环境支付一定的资金，支付的这部分资金用于缓解环境压力，以及补救被破坏的环境。

### （三）完善以环境会计为主要工具的生态补偿监管体制

近年来，在政府和相关部门的大力推动下，环境抵偿工作实践取得了长足的进步，生态环境保护工作也获得了良好的效果，但是建立和完善环境抵偿机制是一项长期而又复杂的工程，其中涉及环境抵偿主体的界定、补偿标准的合理确定、环境抵偿评价指标体系以及环境抵偿收费制度和环境抵偿公共制度的建设等方方面面，而环境抵偿标准的确定和生态补偿评价指标体系的建立是其中的重点。所以要对环境抵偿的概念进行进一步的优化，争取让改进之后的制度可以去指导现实生活中的问题。环境会计应该配合着抵偿进行监管的作用。当用环境会计作为计量工具时，可以精准地计算出企业和个人在生活工作中对于环境是否产生了影响，通过会计的表达方式将环境责任及环境负担都表述清晰，并对环境发生的破坏收取一定的抵偿费用，这部分费用用于支付环境修复和环境绿化所需要的费用，这种制度的执行需要相关部门的支持，国家相关部门要将环境抵偿落实到实际中去，使环境与生产相统一。

## 第三节　新经济条件下的会计发展

新经济与传统经济相比具有很多不同的特点，新经济的变化对会计也提出了多方面挑战。会计需要应势而变，新经济需要会计的更多参与。本节在回顾了新经济的特征、会计面临的困境和新经济对会计的期望之后，提出会计需要超越反映职能，服务于宏观经济、政治文明、道德文化和生态文明，以实现会计发展与社会进步的协同。

企业的发展模式与人们的生活方式都发生了很大的改变，因此会计这门学科就现在来看，不太符合现在的生活发展模式，如果想要让会计在未来能够得到较好的发展，就需要不断提升会计的相关能力，并且对会计人才提出更高的要求。他们除了掌握自己这门学科的知识之外，还需要对其他各个领域有所涉及，才能将会计的学习更加多样化，以便适用于不同的场合，还可以使会计在发展的社会过程中找到自己的安身之所，会计在今后的发展方向应该以新经济发展为前提，从中寻求与之相协调的方式来发展。

## 一、新经济的特征

社会上占主导地位的产业决定了社会经济形态。"新经济"一词源于美国，最初是指20世纪90年代以来信息、生物、材料等新兴技术的飞速发展使美国实际GDP和人均收入史无前例地长期强劲增长的现象。"新经济"不仅被理解为经济质量和结构的变化，同时还包括市场运行、社会运转、生产过程和产业组织等发生的巨大变化。发展至今，新经济具有了不同的内涵，人们普遍认为新经济主要是一种持续高增长、低通胀、科技进步快、经济效率高、全球配置资源的经济状态。我国经济在经历了多年的高速增长之后，依靠要素投入的"传统经济"逐渐淡化，依靠知识和技术投入的新经济勃然兴起。新经济的特征主要表现在以下几个方面。

### （一）知识、信息成为经济发展的主导因素

在网络信息占据整个市场之前，全球的经济来源主要源于第二产业上的发展，在那个时期，人们普遍追求的都是经济可以为人们带来的收益。成本是当时计量收益多少的一个基本概念，无论是经济活动中的哪一部分都可以用成本的多少来表示。在企业中员工与老板属于一种雇佣的关系，老板负责对员工支付劳动报酬，员工则为老板做相应的工作来赚取支付报酬，这是在经济活动中最简单、最基础的一种关系。这种阶层的经济活动只能为社会带来较少的收益，每个劳动者的价值得不到合理的体现。但是由于现在已经步入了新时期，国家对高科技以及高素质的人才要求很高，同时需要支付给人才的劳动报酬也就相应地增加，成本不再是决定劳动者获得报酬的因素，其专业知识、综合素养、附加技能都成了评判一个劳动者为社会创造收益的标准。

### （二）新经济模式是一种绿色的、先进的、可持续的发展模式

在当今社会发展模式中，科学与技术的力量非常强大，对于人才以及劳动力的提供也是相当的充裕，企业和个人都在朝着更好的方向发展，但是同时也迎来了一系列的环境问题。这部分环境问题是由原来社会的性质所决定的，在科技还没有这么发达的时候，人们只能依靠对于自然资源的开采，以牺牲环境为代价来换取经济利益，虽然获得了一定的资金，但同时所付出的环境成本也是很大的，需要现在用更多的资金才可以将之前所造成的环境破坏进行弥补。

### （三）社会精神文明程度的提升

物质是意识的前提，当人们有了基本的物质水平之后，才会对意识层面的财富进行追求。在工业时期的发展过程中，人民的生活水平普遍较低，没有办法实现全部的温饱，因

此会有许多企业及个人在追求利益的同时，没有办法实现精神上的丰富，就可能对自己做出来的经济活动不做约束，导致许多产品不合规等质量问题。但是在现代社会发展过程中，人们的生活水平得到了提高，基本生活有了保障，就会更加注重意识层次的满足，不再只对金钱和利益感兴趣，也在不断提升自己的道德与品质。当下人们普遍受到较高的教育，因此对于人格塑造方面会有较高的修养，也会对自己行为做出一定的约束控制，让商人在追求利益的同时关注环境污染的问题，由此我们可以发现丰富精神世界可以指导我们在现实生活中做出正确的决定和选择。

## 二、会计面临的困境

会计的历史变革也是一个具有时代性的长期发展历程，会计学是为了服务企业及个人的计算方面而产生的，但随着社会经济的不断发展，对会计计算的要求也越来越高，因此会计不能停留在原来传统意义的记账上面，应该学会利用不同时期的优势项目来融合自己的专业技术，并且对社会关注的焦点发挥其应有的作用。会计的整个发展历程是由简单到复杂、由单一到多样的过程，由最开始的原始社会系绳的方式来计算自己每天的工作量多少到现在可以通过计算机的方式，实现一个企业及公司全部有关于财务方面的工作，但是会面对一些难以解决的问题，由于社会变化速度快，现在会计的使用显得有些力不从心，没有办法很好地适应时代变化去提出具有针对性的功能，新经济带给我们发展的同时，也对会计这个学科提出了新的挑战。

### （一）会计前提受到挑战

会计是主要针对各行业的经济领域进行计量，目前根据对具体行业经济计算的统计，会计的计量方向主要是针对各公司的资金往来情况、与他人公司的借贷情况、日常支出资金数量等方面，会计这一职业深入各行业中范围极广。但是根据各企业反馈的情况来看，都认为本公司的会计职责分工不清晰，对于一些经济类的概念把握不够，还停留在原来对于此定义的固定含义之中，并没有结合新市场条件下对于此含义的扩展更新，这样会干扰外界对公司形象的认知。还有会计在进行公司业务计算时多用线上交易往来的方式进行，不接受传统的纸币结算方式，使公司与公司在合作时受到影响。最后就使会计计算的根据不明确，不接受新的经济知识的更新，总是将目光集中于对企业资产生产成本的计算，不对影响最大的人工进行统计，财务明细的具体细则也不够清晰，使其所做出的结果与社会和人们的需求相去较远，相应地，对于会计行业的信任度会下跌。

### （二）会计要素设置不科学，影响了会计信息的有用性

一直以来，会计不断地转换自己的职能，目的就是更加适应社会发展，然后为企业提供相关的财务工作。无论是哪一个时期影响会计的因素都不相同，但归根结底，都是由于国家经济的发展程度不同，而对会计提出了新的要求，但是要想让会计得到长远的发展，就不能只发展符合企业要求的会计知识，应该从根本上解决问题，从国家层次的经济发展

来寻找会计应该发展的趋势，并做出具体的措施。当前我国面临的主要问题就是环境这方面的问题，因此会计应该朝着解决环境问题为发展目标，对自己的职能进行扩展。将会计相关的属性以及方法与环境学相结合，找到环境污染以及环境破坏的问题，应用会计的核算与预期对环境提前进行补救和预测，并运用自身的专业知识对自然界中的资源进行一个合理的配置，使资源可以得到充分合理的利用，将专业的会计知识与实际发生的环境问题相结合。

### （三）会计局限于微观层面，影响了会计价值的进一步实现

会计这个概念是由于最开始的时候，人们产生劳作之后，为了记下劳动的成果而做的记录，后来为了迎合企业的发展而展开一系列的财务活动，大部分学者将会计这门学科定义为经管的学科，研究会计在经济这方面的发展。因为会计涉及的各种活动以及它自身的要素都是围绕着经济活动展开的，因此大家把它定性为与经济最为密切也就可以理解了。但是伴随着我国社会的不断发展，会计不能只解决经济问题，而忽视精神上带给人们的贫瘠，因为人们的生活水平不断提高，除了对于物质方面的追求以外，更多的是对精神层次的丰富以及对于权利的追求。所以要想让会计得到更好的发展，就不应该只关注经济，应该综合地看待现在社会发展中的政治变化与文化输入，将这几个因素之间综合的关系联系起来制定符合时代要求的会计发展方向。

### （四）会计视野局限于经济领域，没能反哺政治、文化

总体来看，最初会计的诞生并不是为了经济，而是具有非物质性目的。目前会计学科属于管理学，也曾被归类为经济学，足以见得人们把会计当作经济管理的一部分，定性为属于经济管理学科。这也许是因为近代以来，世界各国都在追求经济的发展。事实上，经济生活仅仅是人们生活的一部分，除了经济生活以外，还有精神生活、文化生活。随着社会的进步，精神生活、文化生活的重要性最终会超过经济生活。政治对会计的影响主要体现在以下几方面：首先，政治影响经济环境，通过经济环境影响会计的发展与变化；其次，不同的政治模式，对会计的目标、职能等的要求不同；另外，不同的政治模式下，人们的行为方式不同，也会影响会计实务的具体操作。会计的目光应该超越经济，关注政治文明、文化建设。

## 三、新经济对会计的期望

由党最近召开的几次全国人民代表大会中的会议内容可以看出，会议主要表达的是在抓经济的同时也要兼顾生态问题，让人们的生活水平得到提高的同时，也保护我们的生存环境。会议的内容不只是为我国的发展提供指导作用，也为会计在未来的发展提供了大趋势的方向。

### （一）宏观经济调控需要会计参与

由于会计是作为经济学较小的一个分支，但是其中的内容却是很完善丰富的，因此可以为我国的经济提供一定的理论支撑。一个国家的综合国力不单单是指其经济发展水平如何，也要看这个国家的政治与文化水平，将这三方面相结合而得到综合国力水平。会计的应用也同样适用这个道理，会计的发展推动经济的发展，同时也应该观察是否对政治有作用。会计的检查与监管就会为政治方面的工作提供具体的操作步骤，会计可以运用自身专业的监管能力，来对政治工作过程中一些不良风气进行缉查监管，并对属于政治方面的财务工作进行查阅，为我国的政治发展贡献自己的一份力量，同时也提高了自己的工作职能，会计在帮助政治发展的同时，也可以使会计在社会中的地位得到提升。因此会计与政治发展之间也存在着密切的联系，如果应用得当的话，会使我国的政治发展产生很好的积极影响。

### （二）政治文明提升需要会计支撑

许多学者认为，只有将人的精神层次提高上来，才可以为整个社会带来经济效益。价值观念以及文化都是密不可分的影响因素，如果想要让一个国家的社会得到进一步的发展，可以先从文明的制度入手来解决问题，联系会计的相关知识就可以知道，会计可以精准地算出社会生产过程中所产生的经济效益，以及社会过程中涉及的各类财务问题。如果一个会计的道德素质处于一般水平，可能受到金钱以及权力的诱惑，对自己的职业产生错误的操作，就会给社会和企业带来一定的损失，所以提高财务人员的思想以及道德品质也是非常重要的。当人们的思想觉悟都提升上来之后，就可以拥有一个公正、公平、公开的社会环境，为我国的发展提供文化上的保障。

### （三）社会文明的改善需要会计配合

在工业时期，个人与企业获得了较大的经济利益，同时也对环境造成了许多不可弥补的破坏。因为工业发展的过程中，需要对许多资源进行开采利用，并且会向环境中排放废气和废弃物，那个时期的人们物质生活得不到保障，因为无暇顾及对于环境的破坏，只是一味地追求经济利益，将自己的生活水平得到提高，因此工业化带给我们除了丰厚的经济收益，同时也使我们赖以生存的生态环境变得恶劣。但对现在的人们来说，物质生活基本达到了满足，需要考虑的是如何将已经破坏的环境进行补救，并且在未来发展经济的时候，一定要注重对环境的保护，切不可再以牺牲环境为代价来获取经济收益。会计就可以在这个时候发挥其专业性的作用，它可以为企业计算出环境责任，并且对于已经破坏的环境找到相应的企业，让其负一定的环境责任。通过精密地计算出对环境的破坏程度，然后折算成环境补偿费，让企业知道对于破坏环境是需要承担一定责任的。这一制度的实施需要相关法律法规来作为强力保障，因此需要国家和政府出台相关法律，宣传保护环境的意识。

### （四）生态文明建设需要会计同步

工业社会虽然给人类社会积累了财富，但是也使生态环境付出了巨大代价。在发展经济过程中，人们为了获得足够的利润，总是在破坏自然生态环境，企业在生产过程中虽然获得了利润，却没有考虑对自然环境承担的责任，很多企业开山毁林、大量排放废水废气，导致环境不断恶化。随着新经济时代的到来，社会发展模式发生了新的变化。人们在获得财富的同时，也看到了保护环境的重要性。在这方面，会计准则应该承担自己的责任，这是生态文明建设对会计提出的挑战，同时也是会计未来发展的动力与方向，会计学界与业界应该认真对待这个问题。目前企业财务报告中的会计利润是多方面事项的综合，并没有真正反映企业的收入、成本与费用，特别是生态环境补偿问题。

## 四、会计职能拓展的领域

最近国家颁布了关于会计行业改进的新要求，此次主要是针对会计的相关理论性概念范围进行修正，确立会计理论概念前进的方向。保持会计职业内容始终要与社会市场和企业的新观念相融合，再加入中国特色关于经济部分的想法，对于其基础性的知识方面要弥补其匮乏的现状，还不能只对大的经济概念进行范围性的钻研，要扩大对具体知识的深入理解。在传统的会计领域人们主要是接触经济概念的大方面，将会计职责带入政府管理工作之中取得的成果还是满意的，但是解析具体的经济细则要求还有待人们的开发。同时会计的相关概念还与我国其他领域进行了融合，使我国的服务、金融行业都产生了新的发展模式，而且环境会计的理念被各企业接受，有效提高了企业之间关于环境问题的认识。

### （一）宏观经济

经过我国一些经济学者的观察解析，将会计的职能内容带入了新型企业的具体经营之中，统计后明确了对这些企业进行会计管理方式的运营可以有效增加其经济收益，并且还可以通过各企业公布的结算信息对其未来的经济状况做出预估。同样新型企业的发展模式对于会计模式的改进也有其特别作用，企业的分股管理的政策融入会计领域之后，提高了会计行业的评价统计能力和对企业经济往来信息的计算速度。目前在定义会计行业相关行为时，首先要看是否符合国家提出的相关经济理念，然后才能开始进行会计行为大纲规范的制定。还有金融专家提出要将会计统计方式与我国的金融问题相结合来思考，需要为会计的计算提供企业准确的相关信息，否则无论会计将应用公式和规律探究得再清晰，也无法做出准确方向上的估计，同时为了让会计与其他产业进行有效的合作，其自身需要将专业名词进行简化，使双方能够在了解的基础上进行专业解析。

### （二）政治文明

有许多经济专家将会计的相关计量方式与国家经济政策的制定相联系进行分析，认为二者都强调具体方案对于实施过程的重要地位；认为对会计的行为内容进行规范应该也要结合国家理念的要求，相关准则不能超过国家从整体上对于各行业边界的限定，同时会计的计量改进也要考虑国家发展经济领域的需要，国家政治的发展和会计行业的革新从来都是同步进行的，并且会计行业对于其从业人员的培训也应该严格把控，在人员对具体企业进行往来资金结算统计时要遵守相关法律法规，这样就可以借助各行业在法治和经济领域的遵守行为，促进社会尽快达成其在文化范围内的要求。各行业和国家对于会计职责规范的管理比较关注，都想在会计计算审查领域有自己的力量，帮助自己实现不正当的其他私人想法，这种现象会自经济行业向上发展到政治层面，最终使政治内容开始变质。所以目前最好的方案应该是将对于政府的会计统计独立于其他部门外，最好将其公开由人民共同检查，既能使会计核查方面更加快捷，又能使政府财政更加透明。

### （三）社会文化

在人们的固有印象中会将会计定义为企业之间经济计算的工具，对于会计本身的文化内涵却无人挖掘，人们只关注其计算领域的实际应用。在人类长久的文化变迁历史中，产生了许多各行业之间融合的新型产业类型，会计行业的出现就是如此。因为企业之间经济来往比以前任何一个时期都要密切，所以其往来资金的具体状况就需要专门的机构来为其统计，会计行业就是在此情况下迅速壮大的，这是经济领域的变化带动会计行业的改进。文化理念的不断更新也促使会计产业产生了新面貌，如在社会提倡稳健文化时，会计也是向着这个方向改进。并且当会计行业秉承着公正和合理合法的观念，对于各企业的资金数据都进行清晰的统计和明确的记录，整个社会的氛围也会相应地向更好的方向提升，这是会计领域带给社会基层文化方面的新气象。所以在我国内部企业、我国和外国企业之间合作交流更加频繁的情况下，更要注重对会计行业具体部分的监管，不断更新会计计算需要的工具，对于社会公共财产的审计应该更加透明，并且将统计核查的每一个具体步骤都认真记录。同时还要吸收国外计算统计的发展经验来创新我国会计审查的方法，减少目前会计对各个项目进行清算的时间成本，提高整体工作效益使其能为更多需要的主体服务。同时还要注意对会计人员的教育培训，使会计行业从内向外散发诚信理念，这样会计人员进入各个企业就能带动社会的氛围变化。

### （四）生态文明

由于资本的贪婪，加之人们认识的局限性，在经济发展过程中，很多国家的发展都以牺牲环境为代价。企业为了追逐高额利润，大量消耗能源、矿山，排放废水废气，会计利润增加了，可人类生存的环境被破坏了。企业积累了财富，公众却因为环境的恶化，身心健康受到了很大危害。企业的这种做法与人们追求幸福生活的愿望背道而驰。美好的自然环境是人类千百年来赖以生存的基础，同时也是人类为之奋斗的目标。为了促进生态文明建设，在制定会计准则的过程中，要将自然资源、环境保护纳入会计准则研究范围，注重环境会计的研究。在考虑保护自然环境的同时，重新定义资产与负债、费用与利润的内涵，使会计真实核算企业的费用，真实反映企业的利润。从会计制度设计、成本核算到利润的形成，都要注重生态文明建设。会计工作者也要在实务工作中认真贯彻绿色发展的理念。

会计是环境的产物，同时又反作用于环境。回顾历史，会计在人类文明进程中发挥了重要作用。在新经济条件下，会计环境发生了新的变化，这种变化是挑战，也是机遇，会计未来的发展是摆在会计学界面前的崭新课题。总之，会计应顺应时代发展需要，服务于宏观经济、政治文明、社会文化和生态文明建设，将会计职能与社会需求有机结合，实现会计发展与社会进步的良性互动。

## 第四节 中国法务会计的发展

伴随着我国社会经济的不断发展，对于会计这门学科也在不同的领域都得到了关注。除了上文我们所提及的环境会计的相关知识，其中一个较为冷门的法务会计也在近几年不断提高了热度，成为研究的热点话题。

### 一、法务会计的概述

#### （一）法务会计的含义

企业对法务会计的要求是非常严格的，需要具备会计的基础条件的同时，也要对相关的法律法规有非常专业的认知，并且在法律这门学科上有一定的造诣。当自己的当事人对于财务方面的问题出现诉讼的情况时，能够运用相关知识帮助当事人解决问题。因此法务会计所涉及的职能是非常多的，不仅要精通会计学，还要对法学有一定的研究。

#### （二）法务会计的目标

在具备会计的基础条件的同时，也要对相关的法律法规有非常专业的链接，并且在法律这门学科上有一定的造诣。

### 二、中国法务会计的发展与问题

#### （一）中国法务会计发展现状

近几年，无论是我国还是其他西方国家都在对法务会计进行研究。本节课的内容，我们主要是从我国的角度来对法务会计进行一个深入的了解与分析。法务会计所涉及的范围主要是企业以及各类国家机关。法务会计运用自己所掌握的知识与技能在工作的过程中，让事业单位的人们遵纪守法，正确地记录自己的财务账目，保证符合法律要求开展经营活动，不会造成违法行为，对公司财务方面的合规性做一个审查，并且在对公司出现法律诉讼案件的时候，可以出面帮公司解决财务方面的法律问题。

### (二)中国法务会计发展问题分析

**1. 理论体系发展不健全**

由于法务会计学是近几年才引入我国的企事业单位中来的,因此还没有形成相对成熟的结构,还处于对法务会计最基本问题的研究层面,没有太多可以查阅的相关文献与图书,大部分是由国外的文章延伸而来的。由于语言上会出现偏差,因此所参考的理论知识还没有办法完全地指导实践活动,所以在现实生活中遇到的许多问题也是没有办法运用法务会计来解决的,对于法务会计这方面的人才也是非常稀缺的。

**2. 人才匮乏**

由于法务会计没有太多相关的图书与资料,因此教师在对学生进行这部分讲解的时候也只是大概地说一下,它的定义也没有办法进行深入的探讨,这就导致学生对于法务会计的认知只停留在表面的层次,没有办法进行深入的研究,因为没有向学生讲解,所以这方面的人才是非常稀少的。由于这方面的知识过于冷门,无论是在图书馆还是著名的网站中都很少能找到其相关知识可以进行学习,因此掌握这门专业技能的人非常少,普通人对于法务会计的含义就更不知道了,导致整个社会对于这方面都没有什么认知。

**3. 制度层面不完善**

由于我国对于法务会计这方面的研究甚少,也就导致没有专门对于这方面的了解,如果想要了解法务会计,只能从与它相关联的其他职能来进行分析,比如常见的法务会计会在实施的过程中与税收以及各类经济法相关联。这也就会导致法务会计的发展与税法和经济法息息相关,如果税收与经济法的相关政策发生了改变,那么法务会计就没有办法再按照原来的发展进行,必须随着它们所做出来的改变,重新制定和改变它的功能。

## 三、对中国法务会计发展的建议

### (一)加强法务会计理论研究,健全理论体系

如果想要法务会计也在我国得以发展的话,那么首先需要让人们对于法务会计这个概念有一个基本的认识,然后对于法务会计的从业进行一个流程化的制定。如果想要形成一个完整的体系,那么就需要有研究的场所以及专业的研究人员,国家为这方面的研究应该投入一定的资金作为物质支持,然后聘请国外对于这方面比较有研究的专家来进行技术指导。只有让我国一些专业学者掌握了这方面的知识,才可以对这方面进行研究,并撰写论文及其相关文献供学生阅读与参考,逐渐地从较少的一部分人了解这方面的知识,扩散到大学生在课堂上都应该学到的知识,不久的将来,法务会计的意识就会传播到每一个人的脑海中,让法务会计得到有效的发展。

### (二)加强法务会计教育,增加人才供给

要想储备一定的专业的法务会计人才,那么就需要在学生上学期间就让他们接触这方

面的知识，并引起学生的兴趣。聘请在这方面造诣很深的专业老师来对学生进行教学与指导，并向学生说明法务会计在当今社会的发展中具有非常好的发展潜力，如果学好这门学科，将来会为社会作出一定贡献，并且创造出一定的经济效益。让学生看到法务会计在未来生活中有一定的发展空间，鼓励学生参与到学习中去。当学校开始重视这方面知识的学习的时候，相应的人才也会不自主地产生。一定会有学生对于这方面的知识非常感兴趣，等他们掌握了一部分基础知识之后，就可以展开专业的研究，在不断研究与探索的过程中，就可以将法务会计进行更加深入的理解和应用，学校可以为社会提供一批专业性人才。

### （三）加强制度层面建设，完善制度规范

无论如何制订法律会计的计划，最终只有真正落实下去才能得到发展，因此，国家应该重视其法务会计对我们社会生活的影响，运用国家的强制力来将法务会计的学习真正地开展，国家应该对于这方面的学习提出政治性文件，并且组织各地政府及其相关人员对于这方面的学习采取一些实质性的措施，为这方面的研究颁布一定的法律法规，并且鼓励更多的人员参与到法务会计的学习中来，对学习法务会计者提供相应的补贴，让国家带领着群众一起开展对于法务会计的应用与学习。

## 第五节　我国电子商务会计的发展

### 一、电子商务的相关概述

所谓电子商务，主要是指在现代商务交易过程中卖方通过运用先进的互联网技术和网络信息技术等，以计算机为主要通信媒介所开展的商品交换活动。换言之，电子商务就是在传统商务发展的基础上将各个环节和各个模块进行电子化和信息化，促使买卖双方在网络平台中实现商品的交易，并且通过第三方支付软件进行付款。电子商务的出现和有效运用在一定程度上体现出时代性，对传统的电子商业交易模式进行了改革创新，并且通过一系列的电子商务活动提高了企业的经济效益和社会效益，促进了区域经济的可持续发展。另外，对于买方而言，电子商务使其能够在网络平台中进行商品的选择，节省了购物时间，可以足不出户地了解当前的商品发展趋势，对比商品价格，从而选择性价比高的商品；对于卖方而言，电子商务的出现能够帮助其减少成本费用和管理费用，没有中间商赚取差价，使产品的价格更能够吸引消费者。

## 二、电子商务会计与传统会计的区别

### （一）会计目标

在传统的会计发展过程中，相关学者认为企业在进行经营管理的过程中应当将所有权和经营权进行区分。所有者应当对其资产的运用情况和效率进行有效的掌握和管理，而经营者应当及时地向所有者进行资产汇报，分析并解释经济活动的必要性及其产生的最终结果。随着电子商务的不断发展和渗透，当前我国经济活动大多已经实现了商务化和电子化，立足于互联网技术以及网络技术的基本特征，对会计信息进行及时有效的处理，能够同时向经营者和所有者提供有效的决策信息，最终将决策和责任进行有效的融合。

### （二）会计主体

在传统的会计发展和工作过程中，企业作为会计主体是真实存在的，并且具有一定的物质形态，相对稳定，是一种实体组织结构。但是随着电子商务的不断发展，传统会计理念下的会计主体已经逐渐趋于虚拟化。在实际工作过程中，这样的会计主体可能是暂时性的，没有固定的形态，也没有具体的活动空间，会随着市场发展的实际需求不断进行变革。但同时这样的会计主体是难以有效预测和管理的，市场无法对其进行有效的识别。

### （三）会计分期

在传统的会计工作中，通常会将会计主体设定为一个长期存续的结构和组织，基于这样的一个长期性，对企业的实际收入、支出等情况进行分析，编制出科学合理真实的会计财务报表。电子商务环境下的会计信息在一定程度上提高了工作效率，能够实时报送、及时更新，投资者和权益者可以随时随地在网上进行会计资料的查看，了解企业的经营状况。但是在实际工作过程中，大多数企业为了分清企业的经营管理成果，通常会设置待摊、预提等会计科目。

### （四）会计凭证的确认

传统的会计工作都是将所有的凭证和财务报表通过纸质资料进行记录和总结的，不管是原始凭证、记账凭证，还是财务报表，都需要相关负责人的签字和盖章，从而明确经济活动的真实性和可靠性。但是，随着电子商务的不断发展，原始凭证逐渐实现了电子化，这在一定程度上简化了会计工作，但因此也产生了会计凭证的真实性和合法性，以及如何进行可靠的辨别等问题。电子商务平台下的数据信息是无法通过字体来辨认的，每一笔发生的经济活动和交易业务不仅仅要对数据进行准确的核对，同时还要注重经办人和批准人的网络签名和盖章。

## 三、电子商务背景下提高会计工作效率的策略和措施

### （一）加强会计工作者的信息安全防范意识

相关财务会计工作者应当提高自身的安全防范意识，相关企业及职能部门应当建立健全可靠的电子商务会计系统，作为促使其可持续发展的重要保障。具体而言，首先，财务会计工作人员应当树立正确的风险意识，加强对会计信息的管理，通过对其输入、输出、权限控制、安装防火墙等方式，明确要求外部用户进行会计信息的访问必须有一定的授权，拒绝非法访问。其次，会计从业人员应当对会计信息进行及时的备份。尤其是对于企业的一些决策信息或是重要数据等，要及时地传递到相关可靠的介质上，以防止信息数据的丢失。

### （二）改善优化电子商务的会计环境

网络经济的不断发展在社会上打造了一个全新的交易市场，这也是未来我国市场经济发展的主要趋势。为了充分提高电子商务的发展效率和质量，相关部门首先应当对市场环境进行改革优化。一方面，相关职能部门应当对金融监管和服务环境进行改革，建立起健全的监管制度，加强对网上交易的实时监控，确保第三方支付简便快捷，从而营造良好的交易环境。另一方面，职能部门可以通过物联网技术对物流管理进行优化，装备识别器、红外感应器、GPS定位等相关的设备设施，充分实现信息的传输和交换，对企业商品进行智能化服务，准确定位监控，以提高企业的经营管理效率和质量。

### （三）运用现代信息技术，优化技术环境

随着现代信息技术的不断发展，当前我国会计工作在进行相关资源资料的收集和处理时大多依靠网络技术。例如，大数据技术、现代信息技术、物联网技术、云计算等，都为电子商务的进一步发展奠定了良好可靠的基础和优质的环境。例如，云技术能够提高电子商务的计算和存储能力，搭建起高效的会计工作结构和框架，逐渐实现电子商务信息交流的虚拟化和可靠化，有效为相关的消费者和用户提供自动化服务，确保电子商务信息数据的安全性，提高数据中心的效率。同时对第三方支付功能进行可靠的优化改革。通过这样的方式简化会计工作，提高管理性能，促进电商行业的可持续发展。

### （四）提供智能化的电子商务会计服务

电子商务的广泛运行为用户提供了更高的服务性能，智能化服务能够与会计工作的各个环节和信息数据系统进行无缝衔接，为企业的经营管理提供可靠的数据支持，促进企业的经济效益的提升。随着电子商务的进一步发展，代账平台作为智能化电子商务会计服务的主要平台之一，基于互联网技术和大数据技术对会计工作的账、证、表等业务进行有效的处理，对收账、记账、报税等业务进行全面系统的管理和优化，减轻了会计人员的工作负担。同时，这样的智能化电子商务还能够对会计处理流程进行简化，减少会计管理中的

无效行为或不增值活动,站在全局的角度上,以经济效益和社会效益最大化为主要目标,优化会计工作和会计流程。

综上所述,电子商务及相关会计从业人员应当加强自身的信息安全防范意识,改善优化电子商务的会计环境,运用现代信息技术优化技术环境,提供智能化的电子商务会计服务。

## 第六节　依法治国与环境会计发展

为了应对我国目前极为严峻的资源环境发展形势,在宏观上需要法治的规范与保障,在微观上需要环境会计发挥基础计量功能和利益调整与分配功能。依法治国方针表达了我国对生态资源环境治理的重视,对环境会计研究有着引领与推进的重要作用,同时环境会计研究也为依法治国提供了基础性作用,两者是相辅相成的。本节回顾了环境会计的发展,分析了依法治国方针与环境会计的互动关系与作用机制,提出了依法治国方针下环境会计发展的趋势和展望。

生态环境问题关系国计民生,是人类社会生存和发展的根源,是一切上层建筑的基础。没有良好的生态循环和环境基础,政治、经济和社会的发展将难以持续。为实现全面经济发展、政治清明、文化昌盛、社会公正、生态良好的治理目标,党的十八届四中全会做出了全面推进依法治国重大决策。党的十九大也提出,建设生态文明是中华民族永续发展的千年大计,只有实行最严格的制度、最严明的法治,才能为生态文明建设提供可靠的保障。

依法治国方针体现了我国重视和保护生态环境资源的决心:"用严格的法律制度保护生态环境,加快建立有效约束开发行为和促进绿色发展、循环发展、低碳发展的生态文明法律制度,强化生产者环境保护的法律责任,大幅提高违法成本。建立健全自然资源产权法律制度,完善国土空间开发保护方面的法律制度,制定完善生态补偿和土壤、水、大气污染防治及海洋生态环境保护等法律法规,促进生态文明建设。"该方针的提出适应了保护生态和环境的需要,指明了我国依法进行保护环境资源的方向,并指出了法律应为环境保护提供保障、企业应积极承担社会责任、科学研究应为生态文明建设提供基础性支持,这也是环境会计研究的时代课题和探索的发展方向。然而,我国环境会计研究目前发展还相对落后,难以适应当前生态环境保护的需要。因此,根据我国依法治国的宗旨,环境会计的变革与创新已经迫在眉睫。

### 一、环境会计的产生和发展

会计研究关注环境问题最早开始于 20 世纪 70 年代,学者们开始探讨用会计理论和方法来解决环境问题。20 世纪 90 年代以后,随着科学理论的发展和研究的进步,环境会计的研究开始步入快速发展阶段,会计学术界对环境会计理论的认识不断深化。环境会计被认为是一种管理工具,能够对资源与环境进行确认、计量,能够反映环境资产和负债的价值变化。此后,会计学者们从理论和实践出发,利用规范研究和实证研究等方式,对环境会计进行了多方面的探讨,在可持续视角、外部性视角、信息披露视角、成本管理视角和行为科学视角等均形成了大量的研究成果。

随着研究的进一步深入,我国一些学者开始意识到会计与国家治理、社会进步以及生态文明建设密不可分。著名会计学家杨时展教授阐述了会计理论研究与国家治理的关系,他指出"天下未乱计先乱,天下欲治计乃治",其中的"计"被学界广泛理解为"会计",意即欲治理天下,应先治理好会计。杨时展教授高屋建瓴,从哲学和国家兴衰的角度来思考会计问题,为我国当前乃至今后的环境会计研究工作指明了方向。

近年来,环境会计研究呈现出蓬勃发展的趋势,取得了较丰富的研究成果。尽管如此,目前环境会计还是没有统一、权威的理论框架。因此,环境会计的发展亟须突破,应该结合我国特殊的制度背景,考虑我国特有的资源和经济环境对环境会计的特定要求,从建设我国生态文明制度的目标出发,推动符合中国实际的环境会计的研究,真正将环境会计研究拓展到环境资源保护、促进生态文明建设等深层次的方面,推动依法治国方针的落实。

## 二、依法治国与环境会计的互动关系与作用机制

依法治国的理念与环境会计的发展之间存在着客观的互动关系和作用机制。一方面,完善的生态环境保护的法律制度和健全的环境保护体系,以及规范的会计制度法规等因素可以促进环境会计信息质量的提高,推动环境会计的发展;另一方面,完善的环境会计制度能够促进企业及时有效地披露社会责任信息,通过会计报告反映环境资源的会计信息,能够保障公民的知情权和监督权,能够为依法治国提供基础数据、参考资料和评价依据。因此,依法治国需要环境会计来支持和落实,环境会计需要依法治国来作为引领和保障。

### (一)环境会计在依法治国中的基础性作用

在"新常态"下,依法治国作为经济和社会发展的重要保障,就是要依法对政治利益、经济利益和社会利益进行科学有效的调整和分配。在此过程中,会计必然彰显出基础性作用。环境会计作为一种核算手段和管理工具,可以促进环境的保护和治理。从微观层面来看,环境会计可以对企业的环境资产、环境负债、环境损失等方面进行量化,并进行确认和计量;从宏观层面来看,环境会计可以对行业、区域、国家甚至世界的环境资源计量提供数据,并为各项政策方针和法规提供依据。因此,环境会计服务于依法治国,在社会发展中发挥着积极的基础性作用。

### (二)依法治国对环境会计研究的引领作用

首先,依法治国能对环境会计研究提供方向指引和政策导向。依法治国方针内容中的环境治理与保护是国家治理的重要部分,同时也是保持国家可持续发展的善治状态的根本

需求。如果继续追求经济上的高速增长而忽视环境资源的保护和环境法制的建设，整个社会将偏离和谐健康的轨道。在传统会计理论的基础上，我们需要充分考虑时代的背景和意义，融入与生态环境、经济发展相关的观念，推动我国环境会计研究的发展，适应现代社会高速发展的要求。其次，依法治国能对环境会计提供推动作用和法治保障。全面推进依法治国是一个系统工程，需要全社会各行业共同努力。全面推进依法治国也是国家治理领域一场广泛而深刻的革命，为治国理政打下坚实的基础。依法治国的精髓在于更好地发挥法治的保障和规范作用，为我国和平发展的战略目标奠定更加坚实的制度基础。

一言以蔽之，依法治国与环境会计是相互作用、相辅相成的。为了应对我国目前极为严峻的资源环境发展形势，在宏观上需要法治的指引与保障，在微观上需要环境会计发挥基础计量功能和利益调整与分配功能，两者缺一不可。

## 三、依法治国方针下环境会计发展趋势分析与展望

相对于国际上一些发达国家，我国环境会计的发展相对滞后。究其原因，主要是缺乏明确的政策指引和规范的体系指导，因此一直限制着我国环境会计的发展。庆幸的是，为保护和改善环境，我国政府已经认识到生态环境破坏的危害，并采取了包括修订实施环保法在内的一系列措施，并把环境保护和治理提高到国家治理的高度，在依法治国方针中对生态环境的保护与治理做出了明确的阐述和规范。而且，在理论研究上，新的时代背景和依法治国方针为我国环境会计研究提出了新的挑战，引发了我们对环境会计研究趋势的新思考。此次依法治国方针的提出为依法保护和治理生态环境提出了新方向和新要求，也为环境会计研究提出了新思路和新保障。具体来说，依法治国方针对环境会计的发展方向带来了指引和推进作用。

### （一）环境资产的确认和计量

依法治国方针提出要建立健全自然资源产权法律制度，这就意味着要求明确自然资源的产权，对其进行资产确认与计量，这为传统会计理论带来了挑战。在传统会计理论中，经济产出仅是经济投入的结果，不包括对自然环境的利用和投入。在我国现有的环境会计研究中，自然资源是否被计入资产范畴也一直没有统一意见。但根据新环保法第一章总则的概念，一些自然资源如大气、水、湿地等也应该计入资产的范畴，体现学术界对环境资产定义的一些先进理念。实际上，自然资源与环境不仅仅是作为自然环境和生产条件，还可被视作重要的生产要素，可以被确认和计量，并直接参与经济循环的全过程。因此，在环境会计研究中要确认环境资产的内涵和分类，补充和完善传统环境资源的概念，对符合资产条件的自然资源纳入资产范畴，并对其加以确认；同时，对不同类别的环境资产应制定资本化或费用化标准，进一步对环境资产进行价值化，综合反映环境资源的信息与价值。

### （二）自然资源资产负债表的编制

自然资源对人类社会的生存和发展而言，是一种不可缺少且非常特殊的资源。如何恰

当地对自然资源进行计量和报告，反映其重要的经济价值和社会价值，是当前环境会计研究的重点和难点。我国自从十八届三中全会明确提出探索编制自然资源资产负债表的要求后，国家发改委、财政部等六部委也随即要求，未来成为国家生态文明先行示范区的地区将率先探索编制自然资源资产负债表。尽管自然资源资产负债表与传统会计意义上的资产负债表有着明显的区别，但是会计在编制自然资源资产负债表过程中发挥了重要作用。因为对环境资源的使用对社会带来的影响、造成的生态损失，需要会计的理论和方法来进行基础核算。自然资源资产负债表是建立生态文明法律制度的重要创新，同时也体现了环境会计对自然资源环境的计量作用和价值功能。

### （三）生态补偿机制的价值核算

为了保持生态环境的可持续发展，依法治国方针明确了要建立完善的生态补偿等法律法规。生态补偿机制需要对生态功能价值进行核算，并计算出生态保护成本，考虑生态发展的机会成本等因素，这些问题都需要环境会计的辅助，才能正确反映生态补偿的价值，为生态保护补偿机制提供数据基础和决策依据。最重要的是，我们要认识到生态保护补偿机制是为了保护现有的环境，恢复已被破坏的环境，运用法律手段和制度手段对生态环境进行补偿和修复，不让生态环境继续被破坏，从而达到保护生态环境的目的。

### （四）融入环境信息的综合报告的披露

强化责任与有效约束离不开企业社会责任报告和环境信息的披露，越来越多的人认识到环境信息披露的重要性，公众对环境的知情权、监督权需要法律法规的保障。因此，要建立健全环境会计信息的披露机制，尤其要披露融入环境信息的综合报告。企业编制和披露融入环境信息的价值报告是企业可持续发展和我国经济社会文明进步的迫切需要。但目前我国没有统一对企业环境信息披露的要求，所以我国亟须建立环境报告体系，将环境信息融入综合报告，为公众提供及时有效的环境信息。因此，我们要将企业社会责任融入现有的对外报告中，相对真实、可靠、全面地反映包括环境影响在内的经营状况及未来发展前景。

### （五）环境成本的控制与管理

依法治国方针要求强化生产者环境保护的法律责任，对违反者要进行严惩。因为我国一直以来违法成本相对较低，一些企业敢于铤而走险，宁愿违反环境保护的法律和条款，也不愿自觉保护环境、承担社会责任。环境会计需要为企业提供环境成本信息，为管理者提供决策支持。对企业而言，降低成本（包括环境成本）是提高利润的方式。因此加大企业污染惩罚成本，企业就会追逐利润导向而重视环境成本管理，如采用环保的生产方式、研发环保技术与设备等。

除此之外，还有另外一些方向，比如环境负债、环境绩效和社会责任等相关问题，也值得我们进一步探讨，限于篇幅，在此不再一一展开。

综上所述，环境会计研究需要为指导环境会计实践服务，更需要为响应国家的环境政策和法规建设服务。依法治国方针的提出和实施，以及相关法规的应运而生，对环境会计研究提出了更高的要求，同时也为环境会计提供了法律保障和政策指导。因此，当前我国的环境会计研究需要响应依法治国方针，尽快地明确环境资产的确认与计量、探索编制自然资源资产负债表、建立完善环境信息披露体系、助力构建生态保护补偿机制以及推动排放权交易会计制度建设等问题，配合新环保法的实施，响应国家依法治国的号召。

# 第七章 会计信息化及其管理

## 第一节 会计信息化基础知识

### 一、会计信息系统

会计信息系统（Accounting Information System）是企业管理信息系统中的一个重要子系统，它是以提供会计信息为目的，采用现代信息处理技术，对会计信息进行采集、存储、处理及传送，完成会计反映、控制职能的系统。

在整个企业管理信息系统中，会计信息处于核心地位，从会计信息的收集、会计信息的处理到会计信息的输出，最终传递给决策者和使用者，是一个信息流动的过程。而在这个过程中，伴随着对企业经营活动的管理与控制。

#### （一）会计信息的收集

会计数据是指在会计工作中，从不同来源、不同渠道获得的、记录在"单、证、账、表"上的各种原始会计资料。会计数据的来源广泛，既有企业内部生产经营活动产生的，又有企业外部与企业相关的各种经济活动产生的各种资料。会计数据的数量繁多，不仅仅是指每个会计期间需要处理的数据量大，更重要的是会计数据是一种随着企业生产经营活动的持续进行，源源不断产生并需要进行处理的数据。

会计信息是指会计数据经过加工处理后产生的，为会计管理和企业管理所需要的经济信息。它包括反映过去所发生的财务信息，即有关资金的取得、分配与使用的信息，如资产负债表等；管理所需要的定向信息，如各种财务分析报表，对未来具有预测作用的决策信息，如年度计划、年度规划等。会计通过信息的提供与使用来反映过去的经济活动，控制目前的经济运行，预测未来的经济发展。

会计信息的收集，实际上是根据会计工作的目的汇集原始会计数据的过程。随着信息技术的发展，现代的会计信息收集已经成为管理信息系统的一部分，会计信息收集不再局限于会计核算方面，而更多地趋向于会计管理、经营决策等多方面。

### （二）会计信息的处理

会计信息的处理从手工处理发展到利用计算机、网络等信息技术处理，是会计操作技术和信息处理方式的重大变革。这种变革对会计理论和会计实务提出了一系列新课题，在推动会计自身发展和变革的同时，也促进了会计信息化的进一步发展。

现代会计信息处理是指应用信息技术对会计数据进行输入、处理和输出的过程，主要表现为用计算机代替人工记账、算账和报账，以及替代部分在手工环境下由人脑完成的对会计信息的分析、判断。现代会计信息处理不仅引起了会计系统内在的变化，强化了系统的能力，而且提高了会计工作和会计信息的质量。现代会计信息处理的特点如下。

（1）以计算机为计算工具，数据处理代码化、速度快、精度高。通过计算机代替人工来记录和处理数据，对系统原始数据采用编码的方式，以压缩数据项的长度，减少数据占用的存储空间，从而提高了会计数据处理的速度和精度。

（2）数据处理人机结合，系统内部控制程序化、复杂化。现代会计信息处理虽然以计算机为计算工具，但整个信息处理过程仍为计算机与人工的结合。计算机对数据的处理是通过程序来进行的，系统内部控制方式均要求程序化，如采用密码控制程序对操作权限进行限制、采用校验程序验证借贷金额是否平衡等。同时，期末账项调整和结账均可自动进行，并在相应工作完成后自动生成各种转账凭证。

由于数据处理的人机结合和系统内部控制的程序化，使得系统控制复杂化。其控制点由对人的控制转到对人机两方面的控制，控制的内容涉及人员分工、职能分离和计算机系统的维护，以及会计信息、会计档案的保存和保管。

（3）数据处理自动化，账务处理一体化。现代会计信息处理过程分为输入、处理和输出三个环节。将分散于各个核算岗位的会计数据收集后输入计算机，计算机对输入的数据自动进行记账、转账和报表编制处理，查询打印输出各类账表。

（4）信息处理规范化，会计档案存储电子化。现代会计信息处理要求建立规范化的会计基础工作，会计数据处理严格按照程序规范化进行。在会计信息系统中，各种会计数据以文件的形式组织并存储在计算机的存储器中，存储介质成为保存会计信息和会计档案的主要载体。

（5）增强系统的预测和辅助决策功能。充分利用计算机的处理功能，在系统分析、设计与开发中充分运用数学模型、运筹学、决策论等方法，可以极大地增强会计信息系统的预测和辅助决策功能。

### （三）会计信息的输出

一个完整的会计处理系统，不仅需要有灵活、方便、正确的输入方式和功能齐全的数据处理功能，还必须提供一个完善方便的输出系统。

会计信息系统的输出方式包括显示输出、打印输出和文件输出。显示输出的特点是速度快、成本低，但输出的会计数据的应用者局限于会计信息系统内部，不易交流。打印输出的特点是速度慢、成本高，适用于输出必须打印的情况。文件输出的特点是速度快、成本较低、易于转换，但不直观，存储介质易受损坏，安全性较差。

随着声音、图像等多媒体技术的应用，会计数据的表现形式将越来越丰富，同时，随着对会计信息系统数据接口的标准化，文件输出将越来越重要。如记账凭证、会计账簿等，以文件的形式存储在存储介质中，需要时可调用会计软件的显示输出功能进行查询或者打印。

## 二、会计电算化与会计信息化

### （一）会计电算化

"会计电算化"一词是 1981 年中国会计学会在长春市召开的"财务、会计、成本应用电子计算机专题讨论会"上提出来的。它是指将电子计算机技术应用到会计业务处理工作中，用计算机来辅助会计核算和管理，通过会计软件指挥计算机替代手工完成或手工很难完成的会计工作，即电子计算机在会计中应用的代名词。与此相近或同义的还有计算机会计、EDP 会计、会计信息系统、计算机会计信息系统、会计电算化系统、会计信息化等。在这些概念的应用中，有时会有一定的特指，体现出一些差异。

会计电算化的概念，广义上是指与实现会计工作电算化有关的所有工作，包括会计电算化软件的开发和应用、会计电算化人才的培训、会计电算化的宏观规划、会计电算化的制度建设、会计电算化软件市场的培育与发展等。

会计电算化在我国从启蒙到现在，已经走过 42 年历程，取得了较大成效，包括企业实施会计电算化的数量逐步上升，商品化通用会计软件产业的形成及政府管理机构宏观管理和调控作用的发挥等，无不体现了会计电算化带来的新思想、新方法、新作用，使会计工作的作用得到了很大的加强，其地位也得到了很大的提高。

### （二）会计信息化

1999 年 4 月在深圳举行的"会计信息化理论专家座谈会"上，根据当时会计电算化的发展状况，会计理论界的专家提出了"从会计电算化到会计信息化"的发展方向，首次明确提出了"会计信息化"这一概念。

会计信息化是指采用现代信息技术，对传统的会计模型进行重构，并在重构的现代会计基础上，建立信息技术与会计学科高度融合的、充分开放的现代会计信息系统。这种会计信息系统将全面运用现代信息技术，通过网络系统，使业务处理高度自动化，信息高度共享，能够进行主动和实时报告会计信息。它不仅仅是信息技术运用于会计上的变革，更代表着一种与现代信息技术环境相适应的新兴会计思想。

### （三）会计电算化与会计信息化的区别

**1. 目标**

会计电算化是实现会计核算业务的计算机处理；会计信息化是实现会计业务全面信息化，充分发挥会计在企业管理中的核心作用，与企业管理和整个社会构成一个有机的信息系统。

**2. 理论基础**

会计电算化是以传统会计理论和计算机技术为基础的，而会计信息化的理论基础还包含信息技术、系统论和信息化论等现代技术手段和管理思想。

**3. 技术手段**

过去的电算化以计算机为主，现在的信息化以计算机网络和通信等现代技术为主。20世纪80年代初的会计电算化，少数企业才建有局域网，还不存在互联网，会计信息系统处在与外界隔离的状态。

**4. 功能范围**

会计电算化以实现业务核算为主；会计信息化不仅进行业务核算，还进行会计信息管理和决策分析，并能够根据信息管理的原理和信息技术重组会计信息处理的流程。

**5. 信息输入输出方式**

信息输入方面，会计电算化强调由会计部门人员输入，而在会计信息化下，大量的数据可以从企业内外其他系统中直接获取；信息输出方面，会计电算化强调由财务部门人员打印输出，并且报送其他机构，而在会计信息化下，企业内外的各个机构、部门都可以根据授权直接从系统当中或者从网络上直接获取财务信息。

在实际应用过程中，目前往往把会计电算化和会计信息化混用，只是在特定情况下才予以区分。

## 三、会计信息化的基本目标

会计信息化的目标，就是通过实施会计信息化后应该达到的目的，即通过信息化的手段达到提高工作效率，提供更全面、更准确的信息，为管理决策服务的目标，从而促进管理水平的提高，获取更高的经济效益。其基本目标主要有以下几个方面。

### （一）减轻会计人员工作强度，提高工作效率

利用计算机技术，把繁杂的记账、算账、结账工作交给高速的计算机处理，从而减轻会计人员的工作强度。同时会计软件具有很高的精确性和逻辑判断能力，可以避免手工操作产生的误差，以达到提高工作效率的目的。

### （二）促进会计职能的转变

在手工情况下，会计人员长期处于繁重的手工核算工作中，没有时间和精力更多地参

与企业的管理、决策。实施会计信息系统后，会计人员便从繁重的手工操作中解放了出来，有了时间和精力，也就有条件参与企业管理与决策，更好地为提高企业现代化管理水平和提高经济效益服务。

### （三）准确、及时地提供会计信息

手工条件下，由于大量会计信息需要进行记录、加工、整理，会计信息的提供速度较慢，也难以全面提供管理所需要的信息，在一定程度上影响了经营决策工作。实施会计信息系统后，大量的信息可以及时记录、汇总、分析，甚至实现实时跨地域传送，向企业管理者、股东等有关方面提供准确、及时的会计信息。

### （四）提高人员素质，提升会计管理水平

会计工作的信息化给会计工作增添新内容，从而要求会计人员提高自身素质，更新知识结构。第一，必须掌握会计信息化的有关知识。第二，为了参与企业管理，会计人员要更多地学习经营管理知识。第三，实现会计信息化后，会计工作便由会计软件系统和会计人员共同完成，这样便强化了会计规范化工作、提升了会计工作的管理水平。

### （五）实现企业管理信息化，提高企业经济效益

会计是价值管理的主要手段，处理的信息量大，要求快捷准确。在手工记账条件下，会计人员将大量精力主要用于数据处理中，参与管理工作受到了极大的限制。实施会计信息化的目的之一是使广大会计人员从繁重的手工操作中解脱出来，减轻劳动强度。而实施会计信息化的根本目的则是通过核算手段和会计管理决策手段的现代化，提高会计信息收集、整理、传输、反馈的及时性和准确度，提高会计的分析决策能力，更好地满足管理的需要，提供管理所需的会计信息，从而更好地发挥会计参与管理、参与决策的职能，为提高现代化管理水平和提高经济效益服务。由此，会计管理人员应认识到两点：①满足管理的需要，为管理服务，提高经济效益是一切实施会计信息化工作的出发点，是会计信息化的核心；②实施会计信息化不是单纯的数据搬家，是按管理的需要对会计工作的改革与发展，是会计管理工作的一个飞跃。

会计信息化是企业管理信息化的重要组成部分。企业管理信息化的目标和任务，就是要以现代化的方法去管理企业，提高经济效益。因而，实施会计信息化不仅要使会计工作本身现代化，最终目标是要使企业管理信息化，达到提高企业经济效益的目的。

## 四、现代信息技术对会计工作的影响

现代信息技术是扩展人类信息器官功能技术的统称。信息技术包括感测技术、通信技术和计算机技术。感测技术扩展人类感觉器官的功能主要指信息的识别、检测、提取、变换，其目的是高精度、高效率地实时采集各种形式的信息。通信技术延伸了人的信息传输系统的功能，主要是指信息的发送、传输及接收的技术，其目的是高效、全真传递和交换各种

形式的信息。计算机技术扩展了人类思维器官的功能，主要用于信息的数字化输入、存储、处理、分析、检索和输出。

现代信息技术在会计领域的应用及其迅速发展，使会计系统能够以全新的处理方式对会计数据进行收集、加工、处理和存储，这样一来，许多在手工程序中无法解决或者解决过程相当烦琐的会计问题在计算机环境中迎刃而解。同时信息技术也给会计学科带来深刻影响，不仅表现在数据处理工具和信息载体的巨大变革上，还表现在对会计核算方法、会计理论等方面的巨大冲击与挑战。

### （一）会计行业面临的重大挑战

社会的发展、市场竞争的加剧、信息技术在非会计领域的成功应用、企业数据库的不断完善，使会计行业面临重大挑战。目前，会计工作的流程与数据处理是基于手工处理环境下的，会计数据单调、反映面窄，传统会计报表简单，详尽性、及时性差，会计系统所提供的信息质量远远不能满足管理的需要。会计系统如果不根据企业管理发展的需要重新整合，那么会计工作将不能满足管理的需要。

### （二）会计职能的发展与变革

会计职能是会计目标的具体化，会计的基本职能是反映和控制。现代信息技术对会计的两大基本职能将产生重大的影响。

从会计反映职能上看，现代信息技术条件下，由于计算机处理环境的网络化和电子交易形式的出现，建立基于计算机网络的会计信息处理系统已成为现实。在这种会计信息处理系统中，企业发生的各项经济业务都能自动从企业的内部和外部采集相关的会计核算资料，进行实时反映。

从会计控制的职能上看，由于会计信息化实现了实时自动处理，因此，会计的监督和参与经营决策职能将显得更为重要。会计监督职能主要是监督自动处理系统的过程和结果，监督国家财经法规和国家统一会计制度的执行情况，通过网络对企业经济活动进行远程和实时监控。会计的参与经营决策职能主要是通过建立一个完善的、功能强大的预测决策支持系统来实现的。

### （三）对会计理论体系的影响

现代信息技术的发展，使传统的企业组织形式、会计基础理论体系等遭受了前所未有的冲击和挑战。信息技术对传统会计理论与实务的影响表现在以下几个方面。

**1. 对会计理论基础的挑战**

对会计核算的理论前提——四个基本假设提出了质疑。

会计主体："虚拟企业"的出现，企业对会计信息的多元化需求，使传统会计主体的概念大大延伸。

持续经营：网络"虚拟公司"为了完成一个目标，可在短时间内组建起来，而在完成目标任务后便解体。

会计分期：会计信息的实时性可以及时产生所需的数据（如"产品日成本""日报表"），不受会计期间的任何限制。

货币计量：经济社会的一体化、数字化、网络化，电子商务中电子货币的出现，会计职能由"核算型"向"管理型"的转变，使会计系统能够采集和提供货币与相关非货币形态的信息。

### 2. 收集会计信息的变化

收集信息方式有很多种：手工编制的凭证；其他业务子系统（如生产部门、人力资源部门）对业务（入库单、工资表）处理后，自动编制的机制凭证——账务处理子系统定期（月、年）对固定业务（如计提折旧、结转损益）产生的机制凭证。

收集信息内容不同：可以通过对各个部门的信息接口转换和接收信息，以及现代化工具（如扫描仪、电子笔、传感器、脉冲信号式数据采集装置）的应用，使系统收集信息的深度和广度成为可能，其内容包括货币形态与非货币形态的信息、历史的或未来的信息。

### 3. 记账规则的变化

利用同一基础数据便可实现会计信息的多元重组，消除了信息处理过程中诸多分类与再分类的技术环节。在手工条件下的所谓日记账、总账、明细账、辅助账的配置已失去其存在的意义，采用的根据记账凭证汇总表登记总账、平行登记、错账更正（画线更正法、红字更正法）、结账、对账、试算平衡等记账规则（技术方法）的重要性也将逐渐降低或被新方法替代。

### 4. 会计核算形式的变化

会计系统可以根据需要从数据库中生成各种形式和内容的账簿，传统会计为减少登账工作量而建立的各种会计核算形式的作用将减弱，在会计信息化下多种模式均可实现。

### 5. 会计核算方法的变化

可以充分利用计算机的运算和存储能力，在执行主体认定的计算方法的同时，根据需要选用其他备选方法进行运算，从而比较和分析不同核算方法的差异。

### 6. 账簿体系的变化

账簿组织过程不同：账簿只不过是根据记账凭证数据库按会计科目进行归类、统计的中间结果。

账簿外观形式不同：突破了传统会计的分类界限，根据需要，任何一个会计科目均可生成日记账、三栏账或多栏账、虚拟账、图表账。受打印限制，不能打印订本式账簿，因而所有账页均采用活页式。

### 7. 会计信息交换方式的变化

传统的会计信息交换方式主要以纸介质为主，当前已呈现与企业管理信息系统一体化、网络化、远程通信化的趋势。这种交换方式使会计信息的传递更加迅速、安全、准确、直观，传递通道更宽，为系统实施实时控制，实现由"核算型"向"管理型"的战略转移提供了先决条件。

**8. 财务会计报告的变化**

不同的报表使用者对会计信息的关注点不同，投资人关注企业目前的财务状况和经营成果，潜在投资人更关心企业未来的投资收益，经营者侧重的是政府的有关政策和同行业其他企业的相关收入、成本等信息。这便对传统财务会计报告模式提出了挑战，财务会计报告有以下几点新的要求：①提供分部报告。对于一家大型企业或跨国公司而言，由于不同地区、不同行业的子公司所面临的机会和风险不同，要求提供分部报告。②提供多元计价报告，以满足企业同时提供现行成本和历史成本信息的要求。③提供定期与实时相结合的报告。面对一个产品生命周期不断缩短、竞争日趋激烈、创新不断加速、经营活动不确定性日益显著的时代，如果我们还按月、按年编制月报、年报，则不能满足企业决策的需要，必须建立一套能提供实时信息的财务报告制度。一方面，定期的报告仍将存在，作为财务成果分配的依据；另一方面，随时提供实时报告，作为决策的依据。

**9. 企业内部控制的变化**

计算机信息处理的集中性、自动性，使传统职权分割的控制作用近乎消失，信息载体的改变及其共享程度的提高，又使手工系统以记账规则为核心的控制体系失效。企业内部控制的主要方法有以下几种：

制度控制，包括组织控制、计划控制、硬件控制、软件维护控制、文档控制等；

操作人员使用权限的控制，对进入系统的操作人员按其不同职能，通过设置相应密码，进行分级控制管理；

程序控制，包括会计信息处理过程中的输入控制、处理控制、输出控制、预留审计线索等。

**10. 会计工作组织体制变化**

在手工会计中，会计工作组织体制以会计事务的不同性质为主要依据。一般手工会计中划分以下专业组：材料组、成本组、工资组、资金组、综合组等，它们之间通过信息资料传递交换、建立联系，相互稽核牵制，使会计工作正常运行。操作方式是对数据进行分散收集、分散处理、重复记录。

会计信息化后，会计工作的组织体制以数据的不同形式作为主要依据。操作方式是集中收集、统一处理、数据共享，使会计信息的提取、应用更适应现代化管理的要求。

**11. 会计职能的变化**

会计工作由传统的事后核算向事中控制、事前预测决策的方向发展，会计职能由核算型向管理型转移。

**12. 会计人员素质的变化**

会计人员不仅要具有会计、管理和决策等方面的知识，还应具有较强的计算机应用能力，能利用信息技术实现对信息系统及其资源的分析和评价。

### (四)对会计实务的变革

现代信息技术的应用,改变了会计人员的处理工具和手段。由于大量的会计反映(核算)工作实现了自动化处理,会计人员的工作重点将从事中记账算账、事后报账转向事先预测、规划,事中监督控制,事后分析、决策的管理模式。

传统的会计语言和企业会计文化将发生质的变化,会计语言中的一些词汇(记账凭证、账簿、报表等)的作用将逐渐淡化。

由于企业管理全面信息化的实现,使会计信息源和信息表示结构由一元化走向多元化。即会计工作中的最终信息将直接源于各种业务过程,记账凭证作为手工环境下重要实体的作用将逐步减少。

网络和数据库技术的发展和应用,使各级管理者和投资者可以实时通过企业网站访问存储于会计信息系统中的共享信息。因此,代替凭证、账簿、报表的将是原始信息、操作信息、分析决策信息等;而信息的收集、存储、传递、处理、加工、打印等将代替传统会计中制作凭证、记账、结账、出报表等环节。

会计实务的重点将由原来的编制凭证、记账、结账、编制报表等,转向收集信息、存储信息、加工信息、传递信息、查询信息等。

### (五)会计观念需要不断创新和思考

面对现代信息技术的飞速发展,我们不应只是被动地接受或继承传统的思维方式和规则,而应积极主动地迎接未来的挑战。现在的社会经济环境、企业组织方式、企业规模等已经发生了重大变化。会计行业对如何提供信息需要有更加创新的视角。

企业除了追求营业利润外,更多的是要关注自身产品的市场占有率、人力资源的开发和使用情况,以及保持良好的社会形象。同时,知识经济拓展了企业经济资源的范围,使企业资源趋于多元化。人力资源将成为资产的重要组成部分,并为企业所拥有及控制,为企业提供未来经济效益。

因此,会计工作必须树立增值观念,将增值作为企业经营的主要目的,定期编制增值表,反映企业增值的情况及其在企业内外各受益主体之间的分配情况。而资产应当包括人力资产和物力资产两部分。

在信息时代,信息传播、处理和反馈的速度大大加快,产品生命周期不断缩短,市场竞争日趋激烈,企业的经营风险明显加大,因此,会计工作还要树立风险观念。

会计工作既是一种生成信息、供应信息的工作,又是一种利用信息参与管理的工作。企业管理的信息化对财会人员提出了更高的要求,一个企业如何进行会计核算,如何推进会计及企业管理的信息化,如何利用信息化的手段提高企业市场竞争力,实现管理创新,正成为财会人员面临的难题。

### (六)现代信息技术将推动会计信息化的不断发展

目前,国内建立的会计信息系统基本上是用于处理已发生的会计业务,反映和提供已完成的经营活动的信息。然而，现代经济活动的复杂性、多样性和瞬时性对管理者提出了更高的要求。每一个管理者都需要依靠科学预测来做出决策，而管理者已从经验决策方式转向科学决策方式，应加强智能型会计决策支持系统的开发与应用。会计决策支持系统是综合应用运筹学、管理学、会计学、数据库技术、人工智能、系统论和决策理论等多门学科构建的。

现代信息技术的飞速发展，使会计信息化将向模拟人的智能方向发展。系统将会有听觉、视觉、触觉等功能，能模拟人的思维推理能力，具有思考、推理和自动适应环境变化的功能。企业集团可以利用数据库与网络，建立跨会计主体和跨地域的集团会计信息化，实现"数据大集中、管理大集权"的目标，与会计工作方法的创新相适应。

## 五、对开展会计信息化工作的正确认识

### （一）会计核算是信息化工作的基础

开展会计信息化工作的最终目的是为管理、决策服务，达到这个目标的手段无外乎以下几个方面：一是利用计算机计算准确、处理数据量大的特点处理会计业务，从而更全面、更准确地提供管理、决策所需的财务信息；二是利用计算机处理数据速度快的特点处理会计业务，从而更快捷地提供各种管理、决策所需的财务信息；三是利用计算机能快速分类整理数据的优势，按管理的需要，对会计核算数据进行各种加工处理，从而筛选出管理所需的信息；四是使会计人员从繁杂的手工核算工作中解脱出来，利用他们懂财务、了解情况的优势，使其参与分析、参与管理、参与决策。要达到这四个方面的要求，首先就要实现会计核算工作的信息化，会计核算工作的信息化是实施会计信息化工作的基础。

### （二）会计信息化是一项循序渐进的工作

会计信息化工作是一项系统工程。在开展这项工作之前，就需要做好各种规划工作，考虑问题的方方面面，做好各项安排，为会计信息化工作的全面开展及实现全面信息化打下基础。

### （三）会计信息化是一项系统工程

实施会计信息化涉及具体的会计管理工作、会计软件、计算机和操作使用人员，它是涉及方方面面的一项系统工程。

（1）实施会计信息化不仅包括建立会计信息系统的过程，还包括系统的使用、维护、管理以及其他有关的信息化工作，如计算机审计、会计信息化宏观管理等。从宏观到微观，各项会计信息化工作是相互联系的。无论是宏观的会计信息化管理，还是微观的单位会计信息化工作，各项工作都是紧密联系在一起的，而且需要有步骤、有计划地进行。

（2）会计信息化是企业整个管理系统信息化的组成部分，会计信息系统是整个管理信息系统的子系统。会计部门的信息化工作与其他部门的信息化工作是有机地联系在一起

的，会计信息化工作的开展应搞好与其他部门的协调工作，使会计信息化成为整个管理信息系统的有机组成部分。

（3）会计工作本身是一个相对独立的信息系统，各项会计业务之间是有机联系在一起的。开展一项会计业务的信息化工作，应考虑与其他业务的关系，以及对其他会计业务的影响，为全面开展会计信息化工作打下基础，为最终形成一个完整的会计信息化铺下基石。

### （四）实施会计信息化后，重要的是系统的应用工作

会计信息化的最终目的是利用计算机更好地完成会计工作的任务，提高会计信息收集、整理、反馈的灵敏度与准确度，更好地发挥会计参与管理的职能，为提高管理水平和经济效益服务。因此，会计信息系统的建立仅仅是会计信息化工作的开始，更重要的是在系统建立后的组织管理、系统的运行和维护等工作。这些工作是直接为达到会计信息化目标服务的，是长期实现会计信息化目标的保证，是实现会计信息化后会计的本职工作。

## 六、我国会计信息化的发展过程

会计是管理的重要组成部分，它以货币为计量单位，应用一套自身特有的方法，从价值方面对生产经营活动进行反映和监督。因此，在会计工作中，通过采集、传输和存储取得大量的数据，并对此分类、汇总，进行系统处理，为经营管理提供有用的信息。在历史上，随着生产的发展和生产规模的逐步社会化，会计也随之发展变化。经过人们长期实践，会计逐步由简单到复杂，至今已形成一套完整的体系。与此同时，会计数据处理的技术也在不断发展变化，经历了手工操作、机械化和信息化三个阶段，逐步形成了一门独立的新兴科学，在会计工作中发挥着不可估量的作用。

我国会计信息化的发展主要分为以下几个阶段。

### （一）探索发展阶段（1979—1988 年）

我国第一台计算机诞生于 1958 年，从那时起到 20 世纪 70 年代中期，主要是用于科学技术工作中。1979 年财政部拨款 500 万元，用于长春第一汽车制造厂进行会计电算化试点工作。1981 年 8 月在财政部、第一机械工业部、中国会计学会的支持下，中国人民大学和第一汽车制造厂联合召开了"财务、会计、成本应用电子计算机专题讨论会"。1979 年，是中国会计信息化的起点。

1979—1988 年，会计信息化（那个时代都称为会计电算化）从无到有，在中国生根发芽，行政部门包括财政部、机械工业部、铁道部、兵器工业部、中国工商银行等，纷纷在全国各地做探索性的试点，全国高等院校也加入研究的行列，这个阶段属于探索阶段。但对整个国家来讲，基本上是各自为政，国家各职能部门都在摸着石头过河，摸索能够适应自身需要的解决方案。这个阶段的中国会计信息化水平不高，功能单一且不通用，还没有形成大规模的商品化会计软件公司与市场。

这一阶段的历史大背景是，我们的国门刚刚打开，感觉一切都很新鲜，各行各业在强

调解放思想，在学习和应用科学技术知识。1981年后，IBM-PC计算机及其兼容机（那时候，除了IBM-PC外，都称为兼容机）的出现，为计算机的普及应用提供了可能的条件。在当时，DBASE开发工具对于爱好计算机的会计人员来讲，学习容易，从而被广泛应用。因此，很多单位自发地进行了会计软件的专项开发，主要是开发一些相对简单的模块，应用层次也很低，但相对于手工来讲，那种变化是巨大的。在这一阶段，一般都是一些大型企业和科研院所在开展会计信息化工作，后逐步上升为区域性、行业性的行为。

1988年，中国会计学会首届会计电算化学术讨论会在吉林召开。在这次会议上，与会专家形成共识：发展通用会计软件和引入市场机制是中国会计电算化发展的出路。同年，财政部在上海召开会计电算化工作会议，对制定各省计算机应用规划、实施对会计软件的评审工作做了统一部署。

### （二）政府推动发展阶段（1989—1998年）

实际上，1988年的这些工作都是1989年发布65号文件的前奏，经过一年的准备和论证，在广泛征求各方意见的基础上，1989年12月9日，财政部终于发布了《会计核算软件管理的几项规定（试行）》，即著名的"89第65号文件"。对于会计信息化自身来讲，这是一个划时代的文件，中国会计信息化在财政部的统一部署管理和强有力的推动下获得长足发展。大大小小的财务软件厂商如雨后春笋般涌现出来，先锋、用友、金蜘蛛、万能、安易等都是这个时期的典型代表。因此，这个文件的发布，可以称为我国会计信息化发展第二阶段（政府推动阶段）的标志性事件。

1990年，财政部正式成立了会计核算软件评审委员会，制定了《关于会计核算软件评审问题的补充规定（试行）》《关于加强对通过财政部评审的商品化会计核算软件管理的通知》等文件，对财务软件进行严格的评审与管理。针对会计电算化地区发展的不平衡，1994年，财政部又下发了《关于大力发展我国会计电算化事业的意见》，以推动全国的会计电算化工作，并提出了具体要求。所有这些，成为我国会计信息化发展的强有力的推动力量。

在这期间，在财政部的统一部署下，进行了普及性的会计电算化初级培训，使所有会计上岗人员懂得了计算机和会计电算化基础知识，这为我国会计软件的快速推广打下了先行的认识基础。这种推动力和速度，是任何市场力量都无法具备的。

1989—1998年，会计软件逐步通用化、商品化，市场上成立了数百家财务软件公司。这个时期的中国会计信息化发展非常迅速，会计软件依托DOS（磁盘操作系统）平台，功能上也基本属于核算型。从1994年开始，Windows会计软件逐步引起重视，但真正普及是在1998年后。

### （三）市场化发展阶段（1999—2008年）

1998年，财政部撤销了全国性的会计电算化管理部门——会计电算化处，这是我国会计信息化发展第三阶段（市场化阶段）开始的标志。当时的大背景是，国家机关进行机构改革，部分地转变职能，将属于市场管理的部分交给市场，行业性的管理逐步转向行业协会。在财政部强有力地推动与管理下，中国会计信息化不断发展壮大并走向成熟，会计信息化应用已经逐渐普及，行政推广已经没有必要，会计软件评审等工作已经逐渐失去意义。会计信息化的发展，市场机制的自发调节已经趋于完善，会计信息化管理开始由政府管理转向行业协会自律。这个时期的会计软件，逐步转向管理型，大型的财务软件公司开始向ERP转型。

1998年后，行业协会开始逐步发挥作用。在理论研究方面，中国会计学会会计信息化专业委员会成为组织者和实施者。在市场方面，中国软件行业协会财务及企业管理软件分会也在逐步发挥作用，财政部继续发挥宏观管理会计信息化的作用。在会计核算软件数据接口方面，审计署、国家标准化管理委员会的介入，使整个管理更加宏观和长远化。

2008年11月，财政部牵头成立了"会计信息化委员会"，成立该部门的原因是会计信息是各部门、各单位的决策基础，推进会计信息化工作对于贯彻落实会计审计准则和内部控制标准、提高企业管理水平、加强国家宏观调控具有十分重要的意义。为顺应信息技术发展趋势和贯彻实施国家信息化战略的需要，财政部会同工业和信息化部、人民银行、审计署、国资委、国家税务总局、证监会等共同成立会计信息化委员会，旨在为推进我国会计信息化建设提供组织保障、协调机制和智力支持。会计信息化建设的总体目标是建立一个政府指导并组织推动、单位主动参与并具体实施、市场积极响应并配合支持的会计信息化管理体系；构建一个以企业提供标准化信息为基础，方便使用者高效利用信息的数出一门、资料共享的综合信息平台；形成一套以XBRL国家分类标准为重要组成部分的会计信息技术标准体系；打造一支既精通会计业务又熟悉信息技术的复合型会计信息化人才队伍；培育一个为相关单位提供高质量软硬件产品、技术服务和相关领域咨询服务的会计信息化产业。

### （四）与时俱进，全面推进阶段（2009年至今）

2009年，财政部颁布《关于全面推进我国会计信息化工作的指导意见》，从意义、主要任务和措施要求三个方面阐述全面推进会计信息化工作的具体内容。会计信息化的施行是以计算机软件良好应用为基础，因此在实践中，会计人员不仅需要精通会计专业知识，具备会计专业胜任能力，同时也要熟练掌握会计软件系统，以此来保障会计信息化工作的顺利开展，更好地发挥信息化工作的优越性。当前，会计工作与计算机系统间的联系更为紧密，各行业、各领域都将会计软件作为处理会计工作的主要工具，会计软件的应用领域日益宽广。

科学技术的发展将人类带入"大智移云"时代。会计信息化建设逐渐从局域网网络进行管理的财务会计软件，向互联网综合利用阶段进发。但是现阶段的会计信息化更多的是进行日常会计核算和财务报表编制等基本会计工作，缺少对大智移云的有效利用及政企之间、企业之间的信息交互。2017年，德勤会计师事务所推出财务机器人，提供了财务自动化流程解决方案，这标志着会计工作正式由"信息化"向"智能化"转变。

## 七、我国会计信息化的发展趋势

我国的会计信息化事业经过了44年的历程，已经基本普及。但由于受会计管理要求的提高、技术的进步、管理信息化的发展等因素影响，会计信息化还在不断地向前推进，会计信息化发展趋势包括以下几个方面。

### （一）向"管理一体化"方向扩展

"管理一体化"是指从整个单位的角度开展计算机在管理中的应用工作。会计信息化工作只是整个管理信息化的一个有机组成部分，需要其他部门信息化的支持，同时也给其他部门提供支持和提出要求。如今许多单位的会计信息化工作已经有一定的基础，具备向其他部门扩展的条件。网络、数据库等计算机技术的发展也在技术上提供了向管理一体化发展的可能。从发展趋势来看，会计信息化工作将逐步与其他业务部门的信息化工作结合起来，由单纯的会计业务工作的信息化向建立财务、统计信息综合数据库、综合利用会计信息的方向发展。

### （二）软件技术与管理组织措施日趋结合

会计信息化是一个人机系统，仅有一个良好的软件是不够的，必须有一套与之紧密结合的组织措施，才能充分发挥其效用，并保证会计信息的安全与可靠。在会计信息化初期，工作重点主要放在软件的开发与应用上。随着会计信息化工作的进一步深入，与会计信息化应用相适应的管理制度在实践中得到了逐步的提高和完善。

### （三）会计信息化的开展与管理将向规范化、标准化方向发展

2004年，国家标准化管理委员会发布了《信息技术会计核算软件数据接口》GB/T19581—2004标准，2010年又发布了新一版的标准：《财经信息技术会计核算软件数据接口第1部分：企业》（GB/T24589.1—2010）、《财经信息技术会计核算软件数据接口第2部分：行政事业单位》（GB/T24589.2—2010）。2010年国家标准化管理委员会和财政部还相继发布了XBRL的相关标准，从2011年开始执行。

这些标准的贯彻执行，将力图解决各种会计软件之间及其他相关软件之间的数据接口问题，以实现会计信息的相互规范传递、会计工作信息化后的审计，从而更充分和更广泛地利用会计信息服务。会计信息化的宏观管理将向规范化和标准化过渡。规范化的软件开发、验收规范，标准化的文档、管理制度、数据接口将逐步形成和完善。

### （四）会计软件技术发展趋势

#### 1. 支持跨平台运行

支持跨平台运行就是同一套程序编码可以在多种硬件平台和操作系统上运行，以便企业根据业务需要和投资能力选择最合适的平台，并且帮助企业顺利实现不同应用水平阶段的平稳过渡。在企业建设管理系统初期，可能选择普通的PC网络，投资相对较低，但随

着应用规模的扩大，需要更大的处理能力的硬件环境，如选择中小型机、服务器等。这样一来，跨平台的软件系统显示出很好的优势，也能充分保护用户的投资。

**2. 支持多种应用系统数据交换**

不少企业已经建立了各自的应用系统。在电子商务时代，企业将要求新系统能与原有系统进行数据交换和集成，从而有效利用已有投资。例如，已经采用会计软件的用户，希望整个销售和生产管理系统也能与目前的信息化会计系统进行数据共享。企业间（特别是企业与供应商之间、企业与客户之间）的数据交换将帮助企业有效提升整个供应链的竞争力。

**3. 系统高度集成**

进入系统的数据要能根据事先的设定及管理工作的内在规律和内在联系，传递到相关的功能模块中，达到数据高度共享和系统的高度集成。

**4. 分布式应用**

新一代的会计信息系统是超大规模的，它将不再是集中于同一局域网络服务器上的系统，因此基于云计算的分布式应用和分布式数据库是会计软件的一个重要特征。

**5. 多语种支持及个性化用户界面**

跨国企业的管理和企业的跨国交易必然带来对会计软件多语种支持的需求。一套应用系统应当按照用户的设定，在不同的用户端显示不同语种的应用界面。由此还可以引申出另一种功能，即由用户来自行设定应用系统输出界面上使用的术语和界面格局，形成个性化的用户界面，不同行业的用户也可以面对专业性更强的界面。

**6. 提高可靠性和安全性**

大规模的系统、分布式应用、广泛的网络连接需要系统具有更高的可靠性和更强的安全控制。远程通信线路故障、多用户操作冲突、共享数据的大量分发与传递，需要会计信息系统有超强的稳定性，并能够对出现的各种意外情况做出正确处理。黑客入侵、越权操作等现象需要会计信息系统有健全的安全防线。对系统内部数据记录的存取及删改权限的管理、系统操作日志的建立等，都是必不可少的安全措施。

**7. 面向电子商务应用**

随着电子商务技术的发展，企业各种对外的业务活动已经延伸到网络上，实现网络经营。因此，新的系统要能从企业的实际出发来设计电子商务工作模式，实现财务、电子商务一体化。

### （五）计算机审计将由绕过计算机审计向穿透计算机审计发展

随着信息化管理体系的逐步形成、复合型会计信息化人才的不断涌现、计算机审计技术的不断发展，我国的计算机审计工作将由绕过计算机审计向穿透计算机审计发展，从而更充分地保证会计信息的真实可靠，保护单位和国家的经济利益。

## 第二节  会计信息化组织及岗位

### 一、会计信息化工作组织的要求

会计信息化后，会计人员的分工和职能有所变化。正确组织会计信息化工作，对于完成会计任务、发挥会计在管理中的作用具有重要意义。会计信息化总的职能未变，由于会计数据处理工作由计算机完成，会计人员的主要工作是收集会计数据、参与经营管理与经营决策。会计信息系统是一个人机系统，从使用角度来讲，人要录入数据和进行设备的维护与管理；从软件设计角度讲，要增加软件设计方面的人员。因此，根据会计信息化工作的特点，要做好会计工作，必须根据本单位实际情况建立专门的会计信息化机构或有关岗位从事会计信息化工作，使会计信息化工作得以顺利开展。

对于基层单位来说，除了要按国家对会计工作的统一要求组织会计工作外，还应注意以下要求。

（1）既要考虑会计信息化工作的特点，又要按单位生产经营管理的特点来组织会计工作。对会计信息化人员、会计业务人员的配备，都必须结合本单位业务的特点和经营规模的大小等情况做合理的安排。

（2）对会计机构的设置、会计业务人员和会计信息化人员的配备，应力求精简、合理，节约人力，降低费用。

（3）会计业务人员和会计信息化人员的配备要合理。实现会计信息化后，会计业务人员与会计信息化人员之间的分工比较明确，必须根据实际情况确定会计业务人员和会计信息化人员之间的比例，以达到最佳的配备。

### 二、会计信息化后会计部门的组织形式

会计信息化后部门如何组织，应根据各单位的实际情况来设置。大中型企事业单位，一般都有信息中心，因此在进行会计信息化工作的组织时要统一考虑。组织过程中要注意两个问题：一是怎样处理与信息中心的关系；二是怎样处理会计部门内部的关系。一般来说，会计信息化后，会计部门有以下几种组织形式可供选择。

#### （一）信息中心与会计部门并列的组织形式

在这种组织形式下，信息中心与会计部门都是独立的部门，行政上是同级的，会计信息化工作仅是单位计算机应用的一项重要内容。会计信息系统的购买或开发、增值开发与维护都是由信息中心负责，会计部门配有微机或终端，会计部门只负责会计软件的使用及基本的日常维护。

在这种组织形式下，会计部门内部组织机构是否做较大的调整，要由计算机的应用程度决定。如果用计算机处理的业务不多，会计部门组织机构一般不做大的调整；如果会计核算工作基本上由计算机来处理，就有必要调整内部的组织机构，一般在业务组的基础上增加一个维护组或者相应岗位，对不适应会计信息化的人员也要进行调整。因为实施会计信息系统后，日常核算工作量大大减少，所以一般要新成立一个会计管理组，负责进行分析、编制预算、参与业务管理等工作。信息中心负责支持会计部门的工作，帮助进行规划、实施和解决日常的重要技术问题；会计管理组主要负责会计信息的分析、整理、参与决策、参与管理等工作，同时还应负责会计信息化工作的规划和辅助系统分析工作。

这种组织形式的优点是有利于单位计算机应用统一规划和管理。由于在这种组织形式下，有专门机构负责计算机应用工作，可按单位的总体要求来组织计算机应用工作，避免各自为政造成各部门的信息不能为其他部门所利用，有利于信息的充分利用。在大中型单位，一般都采用这种模式。

这种组织形式的主要缺点是由两个部门负责，工作上需要协调，容易受两个部门关系的影响。

## （二）信息中心和会计部门信息化组同时存在的组织形式

在这种组织形式下，单位设有独立的信息中心，在会计部门也设有会计信息化组。会计信息化工作由信息中心和会计部门会计信息化组共同完成，会计信息化组长期从事会计软件的增值开发和维护工作。信息中心负责集中性的开发和与其他系统协调。这种组织形式有以下优点。

（1）会计信息化组在会计部门，长期从事这项工作后，能成为既懂计算机又懂会计的复合型人才。由于这些人在会计部门，业务熟悉，能按会计部门的需要进行项目的辅助开发工作和其他工作，解决问题及时快速。会计部门有了自己的增值开发和维护力量，就能免除后顾之忧，更加大胆地开展会计信息化工作，在基本条件具备后即可甩掉手工账。

（2）有利于会计信息化工作的组织协调。由于有信息中心参加这项工作，就能从总体上考虑好与其他系统的关系，能在代码、接口、规范、制度等方面实施统一的标准，避免了单独由会计部门自由设定模式的弊端。同时，由于信息部门参加，信息部门既充分了解了会计信息化的情况，又为其他有关系统的研制或协调运行打下了基础，为企业会计数据数出一门、资源共享提供了条件。

（3）有利于提高人、财、物的利用。会计部门配备较多的会计信息化专业人员是没有必要的，但在初期则需要较多的人参与。在这种情况下，当需要较多的人员时，信息中心的人员可到会计部门参加相关工作。这样，综合了两方面的优点，能使本单位人、财、物得到充分利用。

这种组织模式还有一种相近的方式，即在信息中心专门设立有一个小组，是专门为会计信息系统服务的，或者是为管理信息系统服务的。这也是一种较好的模式，能够照顾多个方面的需要,也能使服务专业化。

随着会计软件服务业的发展,目前已经有专门的服务公司从事会计信息化的增值开发、实施、维护和日常支持,因此相关的工作也在从部分企业分离,专业化已经成为一种趋势。

### (三)单位没有独立的信息中心的组织形式

在这种组织形式下,单位没有独立的信息中心,一般是在会计部门配有专职或兼职的维护人员、操作员、业务管理人员运行会计信息系统。这类单位一般采用通用化会计软件来建立会计信息系统,达到会计信息化的目的。

对于一些小型企事业单位,可以采用这种形式。在一些会计人员很少的单位一般采用一人兼多职的方式。

会计信息化工作的组织,对每一个单位来说都有自己的特殊情况,还与会计信息化的发展程度有关,因此,应根据每一个阶段的需要来建立相应的机构和组织会计信息化工作,做到既满足会计信息化工作需要,又节省人力、物力。

## 三、会计信息化人员管理

### (一)会计信息化人员构成和职责

对会计信息化人员管理的基本方法是按照"责、权、利"相结合的基本管理原则,明确系统内各类人员的职责、权限并尽量将之与各类人员的利益挂钩,即建立健全岗位责任制。这样一方面可以加强内部控制,保护资金财产的安全;另一方面可以提高工作效率,充分发挥系统的运行效率。

会计信息化后的工作岗位可分为基本会计岗位和信息化会计岗位。

基本会计岗位可分为会计主管、出纳、会计核算、稽核、会计档案管理等工作岗位。各基本会计岗位与手工会计的各会计岗位相对应。基本会计工作岗位,可以一人一岗、一人多岗或者一岗多人,但应当符合内部牵制制度的要求。

会计信息化岗位是指直接管理、操作、维护计算机及会计信息系统的工作岗位。实施了会计信息系统的单位要根据计算机系统操作、维护、开发的特点,结合会计工作的要求,划分会计信息化岗位。大中型企业和使用大规模会计信息系统的单位,信息化后可设立以下几种岗位。

#### 1. 电算主管

负责协调计算机及会计信息系统的运行工作,要求具备会计和计算机知识及相关的会计信息化组织管理的经验。电算主管可由会计主管兼任,采用中小型计算机和计算机网络会计软件的单位应设立此岗位。岗位职责如下。

(1)负责会计信息系统的日常管理工作,监督并保证会计信息系统的正常运行,达到合法、安全、可靠、可审计的要求。在系统发生故障时,应及时组织有关人员尽快恢复系统的正常运行。

（2）协调会计信息系统各类人员之间的工作关系，制定岗位责任与经济责任的考核制度，负责对会计信息系统各类人员的工作质量考评，以及提出任免意见。

（3）负责计算机输出账表、凭证的数据正确性和及时性检查工作。

（4）建立会计信息系统硬件资源和软件资源的调用、修改和更新审批制度，并监督执行。

（5）完善企业现有管理制度，充分发挥信息化的优势，提出单位会计工作的改进意见。

### 2. 软件操作

负责输入记账凭证和原始凭证等会计数据，输出记账凭证、会计账簿、报表和进行部分会计数据处理工作，要求具备会计软件操作知识，达到会计信息化初级知识培训的水平。各单位应鼓励基本会计岗位的会计人员兼任软件操作岗位的工作。岗位职责如下。

（1）负责所分管业务的数据输入、数据处理、数据备份和输出会计数据（包括打印输出凭证、账簿、报表）的工作。

（2）严格按照操作程序操作计算机和会计软件。

（3）数据输入操作完毕，应进行自检核对工作，核对无误后交审核记账员复核记账。对审核员提出的会计数据输入错误，应及时修改。

（4）每天操作结束后，应及时做好数据备份并妥善保管。

（5）注意安全保密，各自的操作口令不得随意泄露，定期更换自己的密码。

（6）离开机房前，应执行相应命令退出会计软件。

（7）操作过程中发现问题，应记录故障情况并及时向系统管理员报告。

（8）出纳人员应做到"日清月结"，现金出纳每天必须将现金日记账的余额与库存现金核对一致；银行出纳每月必须将银行存款账户的余额与银行对账单核对一致。

（9）由原始凭证直接录入计算机并打印输出的情况下，记账凭证上应有录入员的签名或盖章；收付款记账凭证还应由出纳人员签名和盖章。

### 3. 审核记账

负责对输入计算机的会计数据进行审核，以保证凭证的合法性、正确性和完整性，操作会计软件登记账簿，对打印输出的账簿、报表进行确认。此岗位要求具备会计和计算机知识，达到会计信息化初级知识培训的水平，可由主管会计兼任。岗位职责如下。

（1）审核原始凭证的真实性、正确性，对不合规定的原始单据不作为记账凭证依据。

（2）对不真实、不合法、不完整、不规范的凭证退还给各有关人员更正修改后，再进行审核。

（3）对操作员输入的凭证进行审核并及时记账，打印出有关的账表。

（4）负责凭证的审核工作，包括各类代码的合法性、摘要的规范性、会计科目和会计数据的正确性，以及附件的完整性。

（5）对不符合要求的凭证和输出的账表不予签章确认。

（6）审核记账人员不得兼任出纳工作。

（7）结账前，检查已审核签字的记账凭证是否全部记账。

### 4. 电算维护

负责保证计算机硬件、软件的正常运行，管理机内会计数据。此岗要求具备计算机和会计知识，具备会计信息化中级知识。采用大型、小型计算机和计算机网络会计软件的单位应设立此岗位，此岗在大中型企业中应由专职人员担任。维护员一般不对实际会计数据进行操作。岗位职责如下。

（1）定期检查会计信息系统的软件、硬件的运行情况。

（2）应及时对会计信息系统运行中软件、硬件的故障进行排除。

（3）负责会计信息系统升级的调试工作。

（4）会计软件不满足单位需要时，与本单位软件开发人员或通用化会计软件开发商联系，进行软件功能的改进。

### 5. 电算审查

负责监督计算机及会计信息系统的运行，防止利用计算机进行舞弊。审查人员要求具备会计和计算机知识，达到会计信息化中级知识水平，此岗可由会计稽核人员兼任。采用大型、小型计算机和大型会计软件的单位可设立此岗位。岗位职责如下。

（1）负责监督计算机及会计信息系统的运行，防止利用计算机进行舞弊。

（2）审查会计信息系统各类人员工作岗位的设置是否合理，制定的内部牵制制度是否合理，各类人员是否越权使用软件，防止利用计算机进行舞弊。

（3）发现系统问题或隐患，应及时向会计主管反映，提出处理意见。

### 6. 数据分析

负责对会计信息系统中的会计数据进行分析，要求具备计算机和会计知识，达到会计信息化中级知识水平。采用大型、小型计算机和计算机网络会计软件的单位可设立此岗位，由主管会计兼任。岗位职责如下。

（1）负责对计算机内的会计数据进行分析。

（2）制定适合本单位实际情况的会计数据分析方法、分析模型和分析时间，为企业经营管理及时提供信息。

（3）每日、旬、月、年都要对企业的各种报表、账簿进行分析，为单位领导提供必要的信息。

（4）企业的重大项目实施前，应通过历史会计数据的分析，为决策提供准确、有根据的事前预测分析报告；企业的重大项目实施过程中，应通过对有关会计数据的分析，提供项目实施情况（如进度、成本、费用等）分析报告；企业的重大项目实施后，应通过对会计数据的分析，提供项目总结的分析报告。

（5）根据单位领导随时提出的分析要求，及时利用会计数据进行分析，以满足单位经营管理的需要。

### 7. 会计档案资料保管员

负责存档数据光盘、程序光盘，输出的账表、凭证和各种会计档案资料的保管工作，做好各种存储介质、数据及资料的安全保密工作。岗位职责如下。

（1）按会计档案管理的有关规定行使职权。

（2）负责本系统各类数据盘、系统盘及各类账表、凭证、资料的存档保管工作。

（3）做好各类数据、资料、凭证的安全保密工作，不得擅自出借。经批准允许借阅的会计资料，应认真进行借阅登记。

（4）按规定期限向各类相关人员催交各种有关的会计档案资料。

### 8. 软件开发

由本单位人员进行会计软件开发或增值开发的单位，还可设立软件开发岗位，主要负责本单位会计软件的开发和软件维护工作。岗位职责如下。

（1）负责本单位会计软件的增值开发、开发和软件维护工作。

（2）按规定的程序实施软件的完善性、适应性和正确性的维护。

（3）软件开发人员不得操作会计软件进行会计业务的处理。

（4）按电算主管的要求，及时完成对本单位会计软件有关功能的修改和更新，并建立相关的文档资料。

基本会计岗位和会计信息化会计岗位，可在保证会计数据安全的前提下交叉设置，各岗位人员要保持相对稳定。中小型单位和使用小型会计软件的单位，可根据本单位的工作情况，设立一些必要的信息化岗位，许多岗位可以由一个人担任。

## （二）设置会计信息化岗位的注意事项

在设立各种会计信息化岗位及其责任时，以下几点是关键。

### 1. 系统开发及软件维护人员与系统操作人员职务要分离

如果开发人员又是系统操作人员，非法篡改系统和程序的风险极大。因为系统程序是由开发人员分析、设计和编写的，他们对程序的逻辑关系及程序中的控制了如指掌。如果他们又作为系统操作员，完全可以在系统验收批准并投入使用后，再利用操作处理之便篡改程序，以达到其不可告人的目的。如果程序被篡改，组织的财产可能遭受损失，会计记录就无准确性可言。因此，系统开发人员与系统操作人员职务要分离。操作人员不能了解系统的程序及逻辑，不能接触系统程序及系统开发文档，操作员不需要有软件开发的技能。系统开发人员在系统调试通过、验收批准后，应不得再接触和操作其开发的系统。数据的输入、业务的处理应由操作人员执行。日后系统的维护和改进只能经批准后按特定的程序进行。

**2. 专职会计人员与系统操作使用人员职能的划分**

对这两类人员职能的划分，现在各信息化的单位中有两种处理方法。一种是不设专职操作人员，职责的分工与手工会计系统一样，负责资金的仍负责资金，同时负责将自己做的凭证录入计算机；负责手工成本计算的，信息化后也负责操作计算机计算成本。另一种是设立专职的操作人员，将其他需要手工处理的会计业务进行统一录入和处理。无论是采用哪一种方法，必须注意的一点是，要利用各类人员的特点，发挥他们的特长，从而更好地发挥系统效益。例如，许多单位有一批老会计，他们有丰富的实践经验，是单位领导分析决策的好参谋，信息化后，则应利用这个时机，将他们从繁杂的事务性处理工作中解脱出来，参与经营，参与管理。

# 第三节 会计信息化的内部控制

## 一、会计信息化后内部控制的意义

内部控制是为了保证会计资料和信息的真实性、完整性，提高管理水平的一项有效措施。会计信息化后，由于会计信息处理方式的改变，使传统的内部控制方法面临严峻的挑战。

会计信息系统与手工系统相比较，具有数据处理集中化、数据存储磁性化、系统初建成本高、系统操作身份识别难、内部稽核受到削弱、系统自身脆弱等特点。这就决定了会计信息系统的内部控制较之手工系统更为必要。

企业各级管理部门及与其利益相关的外部信息使用者的决策对会计信息系统的依赖性增大，而这些会计信息的质量在很大程度上取决于系统内部控制状况。信息化程度越高，信息使用者对信息的依赖性越大，则内部控制在更大程度上决定信息的质量。随着信息化的日益普及和提高，不仅企业管理人员关心系统内部控制的健全与改善，外部信息使用者也越来越迫切地要求企业保持良好的内部控制，以保证企业所提供的信息的质量。

随着信息化水平的逐步提高，企业财务状况和经营成果受系统资源的安全性、效率性的影响加大。为了保证会计信息系统资源的管理和运用，更需要加强资源安全管理，避免因系统硬件、软件被盗或毁损而给企业带来重大损失。会计信息系统的特点表明，企业信息化以后，有些风险减少了，但同时又增加了许多在手工系统中不曾有的风险，从而使加强会计信息系统的内部控制成为任何信息化单位不容忽视的一项重要工作。会计信息系统与手工系统相比较，新增或特有的风险主要有以下几项。

（1）计算机对不合理的业务缺乏识别能力，导致企业内部控制的缺陷。尽管计算机运行速度快、计算精度高，但计算机进行逻辑判断一般要求事先编入有关程序才能进行。如果程序设计不周或者对于输出文件不进行人工检查，就有可能导致不合法的业务和数据游离于企业内部控制之外，造成数据的失真。

（2）数据安全性较差。在手工系统中的数据处理与存储分散于各有关部门和人员，而会计信息系统的数据处理与存储都呈现高度集中的特点，为数据的安全性带来一定的威胁。首先，集中处理意味着某些部门和人员在执行不相容的职责，需要采取一些额外的补偿性控制手段降低这一风险；其次，数据存储集中于磁性载体，由于磁性载体对环境的要求较高，对温度、湿度、清洁度均有一定要求，数据易于损毁；最后，未经授权人员一旦接触数据，就可能导致大量数据丢失或泄密。如果信息化后在数据安全方面没有增加新的控制手段，则发生数据丢失和损毁的可能性较之手工系统大大提高。

（3）差错的反复发生。在手工系统中，发生差错往往是个别现象，而且由于数据处理各环节分散于多个部门、由多个人员分工完成，一个部门或人员的差错往往可以在后续环节中被发现并得以改正。由于计算机处理数据依靠程序运行并且运算速度极高，加之数据处理集中于计算机进行，其处理结果一旦在某一环节发生差错，就能在短时间内迅速蔓延，使相应文件、账簿乃至整个系统的数据信息失真。如果差错是由于应用程序和软件造成的，则计算机会反复执行同一错误操作，多次给出错误结果。因此，为了保证数据处理的可靠性，需要在系统硬件、软件及数据处理各环节增设必要的控制措施。

（4）程序被非法调用和篡改。对程序调用和修改的控制，这个在手工系统中不曾有的问题在会计信息系统中却至关重要。如果对接近系统的人员缺乏控制，就有可能发生程序被未经授权的人员非法操作的情况，不仅导致数据失真，也为舞弊行为提供了滋生的土壤。在历史上，无论是国内还是国外，通过非法调用和篡改程序以达到非法目的的事件屡见不鲜。因此，必须对程序调用和修改的操作者身份进行严格的控制。

## 二、会计信息系统内部控制的分类

依据一定的标准对会计信息系统中的内部控制加以分类，有助于对其内部控制的理解、审查和评价。

（1）依据控制实施的范围，可将会计信息系统内部控制分为一般控制和应用控制，这是一种最常见的分类。目前世界主要国家会计信息系统审计准则均以此分类规定内部控制评审的步骤和主要内容。一般控制是对会计信息系统构成要素（人、机器、文件）及数据处理环境的控制，主要内容包括组织控制、系统开发与维护控制、硬件及系统软件控制和安全控制。应用控制则是对具体功能模块及业务数据处理过程各环节的控制，主要包括输入控制、处理控制和输出控制等内容。一般控制适用于整个会计信息系统，是应用控制的基础，它为数据处理提供了良好的环境；应用控制则适用于特定的处理任务，是一般控制的深化，它在一般控制的基础上，直接输入具体的业务数据处理过程，为数据处理的准确性、完整性提供最后的保证。

（2）依据控制所采取的手段，可将会计信息系统中的内部控制分为手工控制和程序化控制两类。手工控制是由人工直接通过手工操作实施的控制，程序化控制是由计算机程序自动完成的控制。

（3）依据控制的预定意图，可将会计信息系统中的内部控制分为预防性控制、检查性控制和纠正性控制三类。预防性控制是为了防止不利事件的发生而设置的控制；检查性控制是用来检查、发现已发生的不利事件而设置的控制；纠正性控制，又称为恢复性控制，是为了消除或减轻不利事件造成的损失和影响而设置的控制。预防性控制是一种积极的控制，它试图在不利事件发生前加以防范，减少出现不利事件的可能性；检查性控制是一种中性的控制，它试图在不利事件发生时就能够发现；而纠正性控制则是相对消极的，它是假定不利事件已经发生，设置一些可以减少不利影响的手段。

（4）依据实施控制部门的不同，可将会计信息系统内部控制分为信息化部门控制和用户控制。信息化部门控制是指由信息化部门人员或计算机程序实施的控制，用户控制则是指数据信息使用部门对计算机数据处理施加的控制。

## 三、会计信息系统内部控制的特点

在会计信息系统中，内部控制的目标仍然是保证会计资料和信息的真实性与完整性，提高经营效率以保证管理目标的实现。但其控制的重点、范围、方式和手段等方面发生了变化。

### （一）控制的重点转向系统职能部门

实现信息化以后，数据的处理、存储集中于职能部门，因此，内部控制的重点也必须随之转移。

### （二）控制的范围扩大

由于会计信息系统的数据处理方式与手工系统相比有所不同，以及会计信息系统建立与运行的复杂性，要求内部控制的范围相应扩大。其中包括一些手工系统中不曾有的控制内容，如对系统开发过程的控制、数据编码的控制，以及对调用和修改程序的控制等。

### （三）控制方式和手段由手工控制转为手工控制和程序化控制相结合

手工系统中，所有的控制手段一般是手工控制，在会计信息系统中，原有的手工控制手段有些依然保留，但需要增设一些包含于计算机程序中的程序化控制。当然，由于信息化程度的不同，程序化控制的数量也会有所不同。一般来说，信息化程度越高，采用的程序化控制要求也越多。两者相结合的特点，反映了会计信息系统控制技术的复杂性。

## 四、会计信息系统内部控制的目标

会计信息系统内部控制的目标是指实施对会计信息系统进行内部控制所应该达到的效

果和目的。根据内部控制的定义和对系统的一般要求，内部控制的目标可概括为以下三个方面。

### （一）保证系统的合法性

系统的合法性包含两方面的含义，系统本身和处理的经济业务应该遵循财政部颁布的有关会计软件开发的有关规定，以及当前的会计法规、会计准则、会计制度等的有关规定。因此，在系统设计过程与系统运行阶段，都必须建立严格的内部控制制度和措施，以确保系统本身及其处理经济业务的合法性。

### （二）保证系统的安全性

保证会计信息系统安全可靠是会计信息系统能够正常运行的前提和基础。系统的安全主要包括系统本身硬件、软件资源的安全以及系统数据库的安全等。因此，在对系统进行设计时，应该充分考虑影响威胁系统安全的因素有哪些，并考虑应该采用什么样的措施，以确保系统安全、可靠。

### （三）保证系统处理数据的真实性和准确性

为了保证会计信息系统数据处理的正确性、合理性，保证财务报告信息的真实性、可靠性，会计信息系统内部控制的重点应放在对软件开发过程中的程序化控制以及对个人权限的管理和控制上，并且充分发挥内部审计的作用。在会计信息系统的设计过程中，应将一些控制措施嵌入程序中，如个人权限控制、系统纠错控制、系统恢复控制、输入数据控制、科目合法性控制、凭证合法性控制、借贷平衡控制等。特别强调的是，对输入的数据要进行严格的控制，如果输入的数据一旦出错，会计处理的过程无论有多么正确，输出的结果永远都不可能是正确的。

## 五、会计信息化内部控制的内容

会计信息系统内部控制的内容如下。

### （一）一般控制

一般控制是对整个会计信息系统及环境构成要素实施的，对系统的所有应用或功能模块具有普遍影响的控制措施。如果系统的一般控制较弱，则无论单个应用与各处理环节的应用控制如何完善，都难以实现内部控制的目标。一般控制可具体划分为组织控制、硬件及系统软件控制、系统安全控制和系统开发与维护控制。

#### 1. 组织控制

会计信息系统组织控制的基本目标：会计信息系统职能部门的设置、职责分工及人员的招聘、使用与考核应能保证会计信息系统中的有关人员能正确、有效地履行自己的职责。

会计信息系统组织控制的主要内容具有以下几个方面：

（1）信息化部门与用户部门的职责分离；

（2）系统职能部门内部的职责分离；

（3）人员素质保证；

（4）领导与监督。

**2. 硬件及系统软件控制**

（1）硬件控制。硬件控制是指计算机硬件制造商随机配置的某些控制功能或技术手段。

（2）系统软件控制。系统软件的主要功能包括管理计算机系统资源、辅助和控制应用程序的运行等。较为理想的系统软件应包括三个方面的控制功能：错误的处理、程序保护、文件保护。

**3. 系统安全控制**

系统安全控制是一般控制的重要组成部分，它是为了保证计算机系统资源的实物安全而采取的各种控制手段。它有利于防止和减少因自然灾害、工作疏忽、蓄意破坏以及计算机犯罪等而造成的损失和危害。系统安全控制还是各种应用控制作用的前提和基础。如果安全措施不当，则再完善的应用控制也无济于事。

系统安全控制包括硬件的安全控制、软件与数据的安全控制、环境安全控制、防病毒控制等几个方面。

**4. 系统开发与维护控制**

系统开发与维护控制是对新系统的分析、设计、实施以及对现行系统的改进和维护过程的控制。合理设置系统开发过程中的有关控制，是保证系统开发质量的重要条件，具体内容如下。

（1）计划与文档控制。

（2）授权控制。

（3）转换控制。

（4）系统维护改进控制。

**（二）应用控制**

应用控制是在整个会计信息系统中的某个子系统或单位应用系统的数据输入、处理和输出环节中设置的控制措施。应用控制涉及各种类型的业务，每种业务及其数据处理有其特殊流程和要求，决定了具体控制的设置需结合具体的业务，各种业务数据处理过程应用控制的内容有很多。应用控制一般可划分为输入控制、处理控制和输出控制三个方面。

**1. 输入控制**

数据输入是一项较为复杂的工作，手工操作与计算机操作混合使用，信息化部门与其他部门业务往来繁杂，最易发生错误，需要设置大量的控制措施加以防范。由此可见，输入控制是应用控制中最为关键的环节，其主要包括数据采集控制和数据输入控制。

**2. 处理控制**

数据输入计算机后，即按照一定的程序和指令对有关数据进行加工处理，这一过程极少有人工干预。处理控制大部分为检查性、纠正性和程序化控制。但应用程序的计算与处理逻辑错误，程序运行中处理了不应当处理的文件和数据，错误数据在输入过程中没有被检查出来，或者处理过程中使用了不应该使用的程序版本等，都将影响数据处理结果的准确性和可靠性。因此，在处理过程中设置一定的控制措施仍是十分必要的，其主要包括数据有效性检验和程序化处理有效性检验。

**3. 输出控制**

输出是计算机数据处理的最后结果。对输出进行控制的主要目的，一是要验证输出结果的正确性，二是要保证输出结果能够及时地送达有权接受有关输出的人员手中。会计信息系统数据处理的最终输出有三种基本形式，即存入外存储器、打印成书面文件和屏幕显示。其中打印出的书面文件往往具有法律效力（如会计报表）或者导致资产的转移（如发货单），因而构成输出控制的重点，输出控制的首要任务是及时发现输出中存在的问题。系统职能部门与业务职能部门在这方面共同承担责任，控制的具体设计也应从这两方面考虑。

会计部门要在输出文件分发前对其从形式和内容上加以审核，对正常报告与例外报告均要进行认真检查。审核检查采用的主要手段之一是核对。其中包括业务处理记录簿与输入业务记录簿的有关数字核对、输入过程的控制总数与由输出得到的控制总数相核对、正常业务报告与例外报告中有关数字的对比分析等。

业务职能部门，也应对收到的文件从形式和内容两个方面进行检查。在检查中，要将收到的计算机数据处理清单与自己保存的原始凭据清单逐一核对，确定输出文件内容的完整性；要将人工计算的控制总数与计算机计算输出的控制总数相核对，以便发现输出文件中有无重复、遗漏或篡改的内容；要将输出文件中有关的数字与实物核对，进行合理性分析，研究输出中存在的问题。

输出控制的第二项任务是确保输出文件传送工作安全、正确。必须建立输出文件的分发、传送程序，设置专人负责此项工作。业务职能部门负责登记输出文件收存记录簿，与收到的输出文件核对，与文件分送时间表核对。

对于屏幕形式的输出也应设立一些控制措施，限制对输出信息的接触，如限定使用计算机或终端人员，使用进入口令、机器加锁、房屋加锁和权限控制等。

# 第四节　会计信息化的使用管理

## 一、会计信息化使用管理的意义

会计信息化的使用管理主要是通过对系统运行的管理，保证系统正常运行，完成预定任务，确保系统内各类资源的安全与完整。虽然会计信息系统的使用管理主要体现为日常管理工作，却是系统正常、安全、有效运行的关键。如果单位的操作管理制度不健全或实施不得力，就会给各种非法舞弊行为以可乘之机；如果操作不正确就会造成系统内数据的破坏或丢失，影响系统的正常运行，也会造成录入数据的不正确，影响系统的运行效率，直至输出不正确的账表；如果各种数据不能及时备份，则有可能在系统发生故障时使会计工作不能正常进行；如果各种差错不能及时记录下来，则有可能使系统错误运行，输出不正确、不真实的会计信息。对于会计信息系统的使用管理主要包括机房的管理、上机操作的管理。

## 二、服务器机房的管理

### （一）机房管理制度的内容

会计信息化后，服务器是会计数据的中心。对于大中型单位，需要建立专门的服务器机房，以方便管理和提高安全性。设立机房主要有两个目的：一是给计算机设备创造一个良好的运行环境，保护计算机设备，使其稳定地运行；二是防止各种非法人员进入机房，保护机房内的设备、机内的程序与数据的安全。

机房管理的主要内容包括以下内容。

（1）有权进入机房人员的资格审查。一般来说，系统管理员可进入机房，系统维护员不能单独留在机房。

（2）机房内的各种环境要求。例如，机房的卫生要求、防水要求。

（3）机房内各种设备的管理要求。

（4）机房中禁止的活动或行为。例如，严禁吸烟、喝水等。

（5）设备和材料进出机房的管理要求等。

制定具体的管理制度时，要根据具体的条件、人员素质、设备情况综合考虑。

### （二）机房管理制度举例

（1）凡因工作要进入机房的人员，都必须遵守机房制定的各项规章制度。非工作人员严禁入内。

（2）保持机房环境卫生，定期清洁计算机以及其他设备的尘埃。

（3）严禁在计算机前喝水和吸烟，以免引起短路、火灾或其他损失。

（4）为防止意外事故的发生，机房内应配备灭火设备，并杜绝一切火源，机房内的一切电器设备须经电工同意方可安装，其余人员不得拆卸或安装。

（5）任何人员不得擅自打开机箱和撤换计算机配件、电缆线等，如果发现设备有问题，应立即报告分管领导解决。

（6）不得私自复制机房的软件和数据；对于外来软件，必须经检查病毒后无毒才能使用；存储介质也要经检查无病毒后才能使用，并存放机房。

（7）严禁在计算机内安装或运行游戏。

（8）未经许可，不准对外服务，以防病毒传入。

（9）机房无人时应加锁，确保服务器的安全。

## 三、操作管理

### （一）操作管理的内容

操作管理是指对计算机及系统操作运行的管理工作，其主要体现在建立与实施各项操作管理制度上。操作管理的任务是建立会计信息系统的运行环境，按规定录入数据，执行各子模块的运行操作，输出各类信息，做好系统内有关数据的备份及故障时的恢复工作，确保计算机系统的安全、有效、正常运行。操作管理制度主要包括以下几个方面。

**1. 操作权限**

操作权限是指系统的各类操作人员所能运行的操作权限，主要包括以下内容。

（1）业务操作员应严格按照凭证输入数据，不得擅自修改已复核的凭证数据，如发现差错，应在复核前及时修改或向系统管理员反映，已输入计算机的数据，在登账前发现差错，可由业务操作人员进行改正。如在登账之后发现差错，必须另做凭证，以红字冲销，录入计算机。

（2）除了软件维护人员之外，其他人员不得直接打开数据库进行操作，不允许随意增删和修改数据、源程序和数据库结构。

（3）软件开发人员不允许进入实际运行的业务系统操作。

（4）系统软件、系统开发的文档资料均由系统管理员负责并指定专人保管，未经系统管理员许可，其他人员不得擅自复制、修改和借出。

（5）存档的数据介质、账表、凭证等各种文档资料，由档案管理员按规定统一复制、核对、保管。

（6）系统维护人员必须按有关的维护规定进行操作。

**2. 操作规程**

操作规程主要指操作运行系统中应注意的事项，它们是保证系统正确、安全运行，防止各种差错的有力措施。其主要包括以下内容。

（1）各操作使用人员在上机操作前后，应进行上机操作登记（会计软件中有自动记录可再进行登记），填写姓名、上机时间和下机时间、操作内容，供系统管理员检查核实。

（2）操作人员的操作密码应注意保密，不能泄露。

（3）操作人员必须严格按操作权限操作，不得越权或擅自上机操作。

（4）每次上机完毕，应及时做好所需的各项备份工作，以防发生意外事故破坏数据。

（5）未经批准，不得使用格式化、删除等命令或功能，更不允许使用系统级工具对系统进行分析或修改系统参数。

（6）不能使用来历不明的存储介质和进行各种非法拷贝工作，以防止计算机病毒的传入。

### （二）上机操作制度设计举例

（1）上机人员必须是会计信息系统有权使用人员，经过培训合格并经财务主管正式认可后，才能上机操作。

（2）操作人员上机操作前后，应进行上机操作登记，填写真实姓名、上机时间、退机时间、操作内容，供系统管理员检查核实。

（3）操作人员的操作密码应注意保密，不能泄露，密码要不定期变更，密码长度不得少于6位，要用数字和字母组合而成，密码使用期限最长不超过3个月。

（4）操作人员必须严格按操作权限操作，不得越权或擅自进入非指定系统操作。

（5）操作人员应严格按照凭证输入数据，不得擅自修改凭证数据。

（6）每次上机工作完毕后都要做好数据备份，以防意外事故。

（7）在系统运行过程中，操作人员如要离开工作机器，必须在离开前退出系统，以防止其他人越权操作。

（8）工作期间，不得从事与工作无关的内容。

### （三）操作规程设计举例

（1）开机与关机。开机顺序为：显示器、主机、打印机；逆序为关机顺序。

（2）严禁在开机通电时插拔显示器、打印机、网络线、键盘和鼠标等电缆线。

（3）严禁在硬盘、光盘驱动器等存储介质工作指示灯亮时关机或断电。

（4）关机后，至少应间隔一分钟后方能重新开机。

（5）不准使用外来存储介质和无版权的非法软件；储存介质不得私自带出，防止技术经济信息泄密。如果确实需要使用外来存储介质及相关软件，必须经管理人员同意并检查无病毒后方可使用，如不经检查，私自使用，使机器染上病毒者，按传播病毒严肃处理。

（6）计算机硬盘中安装的是公共文件，上机人员不能进行删除、更名和隐含等操作；上机人员自己的文件和数据必须存入子目录中使用并自己备份，系统管理人员将定期清理计算机硬盘，删除非公共文件和数据。

（7）严禁在计算机上玩游戏和利用聊天工具做与工作无关的事情。

（8）未经允许，不得通过互联网下载任何软件或文档。

### （四）计算机病毒管理制度设计举例

为了加强设备和软件的管理，保证计算机设备的完好性，保护计算机软件资源，防止计算机病毒，特制定本制度。

（1）计算机必须坚持使用登记制度。登记的栏目中包括发现计算机病毒的来源、表现形式及处理情况。

（2）如果发现计算机病毒，必须向管理人员反映，管理人员同时要向有关部门汇报。

（3）没有上互联网权限的人，不能私自上网。不能从网上下载软件和资料，如确有需要，应报领导批准，并在独立的机器上进行，防止通过互联网络传播病毒。

（4）严禁在计算机上玩游戏，以减少病毒的传播渠道。

（5）外来存储介质及软件必须进行计算机病毒检查，无毒后方能使用。未经许可带入的存储介质一律没收。

（6）严禁使用无版权的非法软件。

（7）禁止在计算机上进行有关计算机病毒的研究和制造，一经发现有意制造和传播计算机病毒、破坏计算机系统者，将上报有关部门。

（8）严禁上机人员使用工具软件或自编程序进入、观察、修改、研究计算机硬盘的分区表、目录区信息和 CMOS 等危及计算机安全的行为。

## 四、计算机替代手工记账

采用电子计算机替代手工记账，是指应用会计软件输入会计数据，由电子计算机对会计数据进行处理，并打印输出会计账簿和报表。计算机替代手工记账是会计信息化的基本目标之一。

采用电子计算机替代手工记账的单位，应当具备以下几个基本条件。

（1）配有适用的会计软件，并且计算机与手工进行会计核算双轨运行 3 个月以上，计算机与手工核算的数据相一致，且软件运行安全可靠。

（2）配有专用的或主要用于会计核算工作的计算机或计算机终端。

（3）配有与会计信息化工作需要相适应的专职人员，其中上机操作人员已具备会计信息化初级以上专业知识和操作技能，取得财政部门核发的有关培训合格证书。

（4）已建立健全的内部管理制度，包括岗位分工制度、操作管理制度、机房管理制度、会计档案管理制度、会计数据与软件管理制度等。

计算机替代手工记账的过程是会计工作从手工核算向信息化核算的过渡阶段，由于计算机与手工并行工作，会计人员的工作强度较大，需要合理安排会计部门的工作，提高工作效率。

计算机与手工并行工作期间，可采用计算机打印输出的记账凭证替代手工填制的记账凭证，根据有关规定进行审核并装订成册，并据以登记手工账簿。如果计算机与手工核算结果不一致，就要由专人查明原因并向本单位领导书面报告。一般来说，计算机与手工并行的时间在3个月左右。

在实施计算机替代手工记账后，应该加强运行中的管理工作，使系统达到会计工作管理的需要。

对于替代手工记账，各地财政部门的具体规定有些差异，在替代手工记账前，需要咨询当地财政部门，按照相关要求办理。

## 第五节　"互联网+"时代会计信息化管理

"互联网+"成了国家发展战略之一，会计信息化是顺应互联网时代的产物，它利用科学技术将互联网与会计行业巧妙地连接起来，进行深度融合。针对"互联网+"时代会计信息化管理面临缺乏统一的标准和规范，披露会计信息方式不充分，会计信息失真，实施过程存在安全漏洞等风险，提出加强法规政策约束并健全制度和标准体系，细化会计信息披露方式，降低会计信息失真风险，强化会计信息化管理安全建设等治理策略。挑战与机遇总是相伴而生的，会计行业最终会迎来一场会计信息化变革发展之旅。

截至2020年3月，中国网民规模为9.04亿，互联网普及率达到64.5%。随着互联网普及率的提高，巨大的经济价值和商业价值逐渐显现。现代会计紧跟时代经济发展潮流，与互联网紧密结合，创建会计信息共享平台，实现数据共享，提高会计工作效率，完善传统会计的不足之处，有利于会计信息化管理，为会计行业的未来发展奠定坚实的基础。

### 一、"互联网+"对会计信息化管理的影响

#### （一）"互联网+"促进会计信息与互联网技术深度融合

"互联网+"是互联网思维进一步创新而来的成果，会计信息化是会计工作顺应信息化浪潮的必要举措，它的发展经历了存在数据误差的手工记账阶段，基本实现自动化操作的会计电算化阶段，对会计信息进行收集、存储、处理的会计信息系统阶段，以及会计信息处理与监督并驾齐驱的会计管理信息系统阶段。会计信息化是信息技术在会计行业的深入应用，将会计信息作为管理资源，利用以计算机为代表的信息技术完成会计信息的获取、分析、处理和传输等工作，加强会计信息与互联网技术相互依存、相互促进的紧密性。

## （二）"互联网+"促进会计信息质量提升

### 1. 可靠性与准确性

互联网企业往往是"互联网+"的主导者，企业通过利用互联网技术简化了会计信息的录入、处理和传输流程，财务报告自动归集日常发生的经济业务，个人难以对此类数据进行修改，会计从业人员利用财务软件循环使用会计数据，不仅降低了人工重复录入可能发生错误的概率，而且有效规避了人为修改数据的风险，在数据源头上保证了会计信息的可靠性与准确性。

### 2. 相关性与可理解性

在会计信息化的发展进程中，信息使用者在搜索所需信息时，互联网平台通过定义分类标准，将获得的数据进行信息标签化处理，跟踪完整的数据流，为不同的信息使用者提供精准的信息选择，增强了企业过去、现在和未来的会计信息的相关性。财务报告利用互联网平台多维度呈现数据，实现财务报表间极强的超链接性，它不仅能够清晰表达各报表的内部联系，还可以精准地链接表内和表外的数据，增加视频、图片、语音等呈现方式，打破了传统表格和文字方式的原始模式，便于信息使用者的理解。

### 3. 可比性与及时性

互联网技术的迅猛发展为查找各种信息创造了便利条件，信息使用者可以快速地从中选取更多相同企业不同会计期间或者不同企业相同会计期间的会计信息进行对比分析，做出合理的经营决策。现在借助网络平台实时共享会计数据，利用财务软件进行集中处理，及时传输经过处理的会计信息，有助于信息使用者及时获取相关信息，并对企业经营活动进行评价与监督。互联网的广泛应用增强了会计信息的可比性与及时性，提高了数据利用率和会计核算效率。

## （三）"互联网+"促进会计信息化模式转变

### 1. 会计核算模式从事后核算向同步核算模式转变

会计核算模式在互联网时代浪潮的席卷下发生了改变，传统的事后核算模式只能选用实时的核算方法，不能采用随机核算方法，大幅降低了会计核算的灵活性。在"互联网+"时代背景下，会计核算模式正在朝着克服这一缺点的目标努力，会计核算与经济业务的同步性不断得到改善，会计核算模式可以同时采用实时核算和随机核算，对各种电子账簿进行有效加工，同时满足了企业经营管理的实时性和随机性需求，企业会计核算工作和业务活动可以同步进行，同步核算模式帮助企业建立起一个事前预测评估、事中监督控制、事后核算处理的全过程会计监控管理系统，保证会计数据同时拥有可靠性和灵活性，会计信息可以实时反映和监控企业开展的经营活动，提高企业的运作效率。

### 2. 会计工作逐步从静态财务信息模式向动态管理模式转变

依托互联网平台，财务软件可以实时归集企业相关的会计数据，获取实时反映企业经营成果和资金状况的利润表，现金流量表等动态财务报表，信息使用者不仅可以实时掌握企业累计期间的资金状况和经营成果，还可以获取任一期间、任一时点的会计信息，通过对动态信息的分析，明确企业过去和现在的经营状况，进一步预测企业未来的发展趋势。财务信息模式的转变为会计工作中的风险预测、过程监控和战略制定打了一剂强心针，改变了会计工作固有的静态财务信息格局，走向了会计工作的动态管理模式，推动会计工作有效开展。

### 3. 会计信息共享模式实现了转变

科学技术日新月异，新兴信息技术的不断涌现带动了会计工作的办公模式的转变，让会计信息共享模式出现在了会计工作的办公室中。在会计信息化系统中，互联网及时传输会计数据，使会计数据汇总、分析更容易跨地域、跨部门整合，与实际经济业务基本保持一致。互联网共享平台逐渐代替传统的纸质模式，会计信息使用者可以在财务共享平台搜索到最新的会计数据，随时随地在互联网平台下载自己所需的会计数据，对会计数据多次处理，生成可靠的财务报告。互联网平台使会计数据实现共享变成了可能，提高了会计核算效率。

## 二、"互联网+"时代会计信息化管理中存在的问题

### （一）缺乏成熟的会计信息化标准和业务规范

会计信息化是顺应信息技术发展产生的新事物，在长期发展历程中，各方面的管理制度和业务规范逐渐趋于成熟，但是会计信息化管理依然受传统会计观念的束缚和影响，会计从业人员仍然秉持着传统的工作观念，对于会计工作的具体核算和管理没有明确的规范和标准，缺少标准"会计信息化语言"，为会计工作的监督与控制过程增加了难度，进一步导致企业会计信息化管理工作出现漏洞。

### （二）披露会计信息方式不充分

在互联网时代，披露会计信息方式并不充分。一方面，会计信息披露落后于"互联网+"时代的发展趋势，会计核算模式已经从手工记账转变为云计算，但财务报表体系主要是对财务状况、经营成果、现金流三者会计信息的披露，遗漏对非财务信息、风险信息和预测性信息的披露。另一方面，会计信息披露的方式过于单一，会计信息披露一直是通过财务报表达到目的，财务报表主要针对企业投资者，而没有考虑其他相关利益者了解企业会计信息方式和重点的差异。

### （三）存在会计信息失真风险

会计信息失真风险在"互联网+"背景下呈现明显的上升趋势。首先，网络包裹着全球，互联网被大量无效信息和网络垃圾占据宝贵资源，鱼龙混杂，大大降低了会计信息的真实性。其次，会计信息还存在"硬破坏"的隐患。硬件作为会计数据的载体，磁盘的使用寿

命会受磁场、温度和湿度等外部因素直接影响。另外，利用计算机正在进行的会计工作遭遇突然停电，人为的恶意删除、盗窃，病毒的入侵以及财务软件本身老化，数据处理不稳定等因素的影响都会导致会计信息记录混乱、会计数据丢失，进一步影响会计信息的准确性。最后，信息化时代，会计工作流程也发生了改变，获得授权的企业内外部人员可以从企业内外部系统中获取所需信息，加大了会计信息来源的复杂性，使会计信息的有效性大打折扣。

### （四）实施过程存在安全漏洞

随着互联网的广泛普及，会计信息化管理在会计工作中必不可少，然而在具体的实施过程中存在很多安全漏洞。财务共享是一把"双刃剑"，互联网技术在为会计工作带来资源共享的同时也为企业会计信息带来了安全隐患，由于财务共享模式带来的网络数据量的激增，巨大的信息流充斥着企业，使会计数据毫无例外地暴露在无形的互联网下，大大增加了会计信息的曝光度，会计数据的随机流动容易导致各种商业机密数据被人为泄露、篡改等安全隐患。而对于企业出现的安全性问题缺乏与会计信息化管理相适应的监督机制，进一步加剧了安全性问题的恶化程度。

## 三、"互联网+"时代会计信息化管理有效措施

### （一）加强法规政策约束并健全制度和标准体系

结合我国的时代发展要求，为"互联网+"背景下的会计行业制定合适的法律制度，规范"互联网+"背景下的会计行为，选择运用合适的法律制度为会计信息化管理提供有力支持，加大会计政策执行力度，完善与健全会计准则和会计信息化规范，修订不合理的规章制度，统一监管标准体系，针对在"互联网+"背景下会计工作中出现的新问题及时提出解决方法，政府部门应响应经济时代的号召，进一步加强互联网管理制度，切实发挥监督流程的积极作用，为"互联网+"时代会计信息化的管理带来积极意义。

### （二）细化会计信息披露方式

细化会计信息披露方式是充分披露会计信息的有效途径之一，随着互联网技术的兴起，会计信息使用者获得会计信息的手段和方式越来越多样化。一方面，将相关利益者分类，根据不同利益者的不同决策需求，提供不同数据角度、不同格式披露会计信息。另一方面，实行多层次会计信息披露，财务报表应当区分各行业特征，结合该企业所在行业披露信息重点进行会计信息披露，揭示与企业经济活动密切相关的各种信息，包括反映企业经营业绩的相关指标，如非财务信息、风险信息和预测性信息。

### （三）降低会计信息失真风险

结合互联网财务报告确定的基本框架，确立会计核算前提，进一步扩大会计信息报告的范围，利用互联网的时效性，采用科学合理的会计核算方法，及时生成反映不同时点的

财务状况和经营成果的会计数据，为会计信息的真实性提供了保障。开展远程审计工作，审计人员利用网络，随时随地审查企业的财务报表，实现互联网在线监督，企业管理层也可以随时抽查会计信息，实现多方监督。企业出台科学有效的内部控制制度，建立严格的会计数据备份制度，要求严格登记备份数据，大力保障数据的准确性和保密性。财务人员严格遵守会计职责分离制度，保证会计信息处理、操作、分析、保管岗位互相分离，做到互相牵制。

### （四）强化"互联网+"时代会计信息化管理安全建设

为了应对不同的经济业务，各企业应当结合自身经济业务的处理特点，建立一套与会计核算系统相匹配的网络系统管理体系，严格制定内部信息安全管理制度，定期展开对软硬件系统的检查，不定期查杀病毒，对核心数据实施加密处理、重要数据定期备份等，建立有效的信息安全机制，保证计算机系统安全健康。会计核算的安全性也是不容忽视的，从业务流程优化与内部控制角度着手来加强会计信息安全管理，应当保证会计数据从源头到财务报表对外报出之前的安全性。会计从业人员树立安全防范意识是加强会计信息安全管理建设的基本前提，加强会计从业人员信息安全知识教育，提高会计从业人员对会计信息安全的重视程度。

"互联网+"是当今时代发展的主流，对会计信息化的管理带来了重大影响。现代会计在"互联网+"的时代背景下，会计信息的质量、会计工作模式、会计人员的思维与职能都做出了重要的转变，这种改变为会计工作的开展、管理、效率等方面带来了积极的影响，同时也带来了一定的挑战。信息技术浪潮席卷全球将是未来经济社会发展的大背景，现代会计必须高度关注社会经济的发展趋势，与时俱进、因地制宜地提出方针政策来健全会计信息化管理体系，积极推进会计信息化的发展，为会计行业创造健康良好、可持续发展的环境空间。

# 参考文献

[1] 董艳丽. 新时代背景下的财务管理研究 [M]. 长春：吉林人民出版社，2019.

[2] 董煜，吴红霞. 会计信息化 [M]. 天津：天津科学技术出版社，2020.

[3] 冯逢，林健栋. 财务会计 [M]. 南京：东南大学出版社，2012.

[4] 韩吉茂，王琦，渠万焱. 现代财务分析与会计信息化研究 [M]. 长春:吉林人民出版社，2019.

[5] 荆新总. 会计信息化 [M]. 成都：电子科技大学出版社，2018.

[6] 康萍. 会计电算化 [M]. 重庆：重庆大学出版社，2018.

[7] 刘春姣. 互联网时代的企业财务会计实践发展研究 [M]. 成都:电子科技大学出版社，2019.

[8] 吕长江. 管理会计 [M]. 上海：复旦大学出版社，2006.

[9] 马瑞鄷. 会计信息系统 [M]. 西安：西北大学出版社，2018.

[10] 亓春红，张蕾，孙丽昀. 财务管理实务 [M]. 北京：北京理工大学出版社，2019.

[11] 秦柳，杨春瑶. 会计信息化同步练习与综合实训 [M]. 石家庄:河北科学技术出版社，2018.

[12] 施先旺. 财务会计学原理与实务 [M]. 上海：立信会计出版社，2004.

[13] 时强. 大型煤炭企业财务管控信息化研究 [M]. 天津：天津科学技术出版社，2019.

[14] 史玉琳，李小花. 会计学基础 [M]. 北京：北京理工大学出版社，2019.

[15] 万希宁，郭炜. 会计信息化 [M]. 武汉：华中科技大学出版社，2009.

[16] 王鹏，刘明霞. 会计信息化 [M]. 石家庄：河北科学技术出版社，2018.

[17] 韦绪任，冯香，申仁柏. 财务会计与实务 [M]. 北京：北京理工大学出版社，2019.

[18] 韦绪任，杨军. 会计基础与实务 [M]. 北京：北京理工大学出版社，2018.

[19] 吴朋涛，王子烨，王周. 会计教育与财务管理 [M]. 长春：吉林人民出版社，2019.

[20] 徐亚文，钟爱军，蒋婵. 会计信息化实务 [M]. 武汉：武汉大学出版社，2011.

[21] 杨昆. 会计信息化应用 [M]. 北京：北京理工大学出版社，2018.

[22] 伊静，刘会颖. 会计信息化教程 [M]. 北京：对外经济贸易大学出版社，2018.

[23] 袁树民，王丹. 会计信息系统 [M]. 上海：上海财经大学出版社，2008.

[24] 周虹，耿照源. 会计学基础 [M]. 杭州：浙江大学出版社，2019.

[25] 周阅，黄菊英. 企业会计信息化 [M]. 北京：北京理工大学出版社，2014.

[26] 周阅，张倩. 会计电算化原理与实务 [M]. 北京：北京理工大学出版社，2017.

[27] 朱竞. 会计信息化环境下的企业财务管理转型与对策 [M]. 北京：经济日报出版社，2019.